ROGER SCHAACK

Zu den Prinzipien der Privatautonomie
im deutschen und französischen Rechtsanwendungsrecht

Schriften zum Bürgerlichen Recht

Band 128

Zu den Prinzipien der Privatautonomie im deutschen und französischen Rechtsanwendungsrecht

Von

Roger Schaack

Duncker & Humblot · Berlin

CIP-Titelaufnahme der Deutschen Bibliothek

Schaack, Roger:
Zu den Prinzipien der Privatautonomie im deutschen und französischen Rechtsanwendungsrecht / von Roger Schaack. —
Berlin: Duncker u. Humblot, 1990
  (Schriften zum Bürgerlichen Recht; Bd. 128)
  Zugl.: Tübingen, Univ., Diss., 1989
  ISBN 3-428-06884-X
NE: GT

D 21

Alle Rechte vorbehalten
© 1990 Duncker & Humblot GmbH, Berlin 41
Satz: Irma Grininger, Berlin 62
Druck: Berliner Buchdruckerei Union GmbH, Berlin 61
Printed in Germany

ISSN 0720-7387
ISBN 3-428-06884-X

Für T. Kultschytzky

Vorwort

Die vorliegende Arbeit lag im Sommersemester 1989 der Eberhard-Karls-Universität Tübingen als Dissertation vor. Rechtsprechung und Literatur sind bis zum März 1989 berücksichtigt. Betreut wurde die Arbeit von Herrn Prof. Dr. Dietrich Rothoeft. Hierfür, und weil er mir den Reiz rechtsvergleichender Arbeit vorzüglich vermittelte, danke ich ihm herzlich. Danken möchte ich an dieser Stelle auch Herrn Prof. Dr. Robert Scheyhing, der sich trotz widriger Umstände den Mühen der Zweitkorrektur unterzog.

Roger Schaack

Inhaltsverzeichnis

Einleitung 19

Erster Teil
Theoretische Betrachtungen zur Parteiautonomie   22

Erster Abschnitt
Die Prämissen der Parteiautonomie   22

A. Die Integration der Parteiautonomie in der Literatur 22
- I. Die Lokalisierungstheorie Batiffols 22
  - 1. Inhalt der Theorie 23
  - 2. Würdigung 23
- II. Die Theorie der kollisionsrechtlichen Verweisungsfreiheit 25
  - 1. Aussagegehalt der Theorie 25
  - 2. Aussagekraft der Theorie 26
- III. Rechtswahl als Inhaltsbestimmung 27

B. Autonomie als formales Rechtsprinzip 28
- I. Die Interessenstruktur autonomen Handelns 28
- II. Die interessenmäßige Rechtfertigung der Privatautonomie im IPR .. 28
  - 1. Das Selbstbestimmungsinteresse 29
  - 2. Das Planungsinteresse 29
  - 3. Das Interesse des internationalen Handels 30

C. Die „materiellen" Interessen des Kollisonsrechts 31
- I. Die Interessen des Kollisionsrechts 31
- II. Die Anerkennungszuständigkeit als Schlüssel zur Parteiautonomie .. 32
  - 1. Anerkennungszuständigkeit als grundsätzliche Konkretisierung des Gleichheitssatzes 32
  - 2. Der Gleichlauf von internationaler Zuständigkeit und anwendbarem Recht in der literarischen Diskussion 36

Zweiter Abschnitt
Die Folgerungen für die Parteiautonomie — 38

A. Die Zulässigkeit der Rechtswahl 38

  I. Parteiautonomie und Vertragsstatut 38
    1. Die grundsätzliche Rechtswahlfreiheit 38
    2. Schranken der Rechtswahl 38
      2.1. Der ordre public 38
      2.2. Eingrenzung der wählbaren Rechtsordnungen, erforderliche Auslandsberührung 39
        a) Die literarischen Erörterungen 39
        b) Die integrative Behandlung beider Fragen 41
      2.3. Geschäftsfähigkeit 42
      2.4. Zwingendes Recht und Rechtswahl 42
        a) Rechtswahl, öffentliches Recht und Eingriffsnormen 43
        b) Lois d'application immédiate, lois de police 44
        c) Zwingende Ausgestaltung allseitiger Kollisionsnormen ... 46

  II. Parteiautonomie und Deliktsstatut 48
    1. Erstreckung der Rechtswahl auf deliktische Ansprüche nach der Gleichlaufthese 48
    2. Rechtswahl und akzessorische Anknüpfung 49

  III. Parteiautonomie und Interessen Dritter 50
    1. Rechtswahl und Interessen Dritter 50
      1.1. Das Sachenrecht in prozessualer Sicht 50
      1.2. Die Behandlung der Interessen Dritter durch die Befürworter der Rechtswahl im internationalen Sachenrecht 51
    2. Rechtswahl und Statutenwechsel 53

B. Die Anknüpfungsleiter des Vertragsstatuts 55

  I. Die Methodik der Anknüpfung 56
    1. Einheit und Dichotomie in der Literatur 56
    2. Die Anknüpfung als Wahrscheinlichkeitsurteil 57

  II. Die objektiven Anknüpfungsgesichtspunkte 59
    1. Das Prinzip der geringsten Störung 59
    2. Anknüpfung an die charakteristische Vertragsleistung 60
    3. Anknüpfung an die stärker nomierte Leistung 61
    4. Anknüpfung entsprechend dem operative effect 62
    5. Die Gleichlaufthese und Konkretisierung des Konsensprinzips ... 62

Inhaltsverzeichnis 11

C. Autonomie und lex fori 65

    I. Fakultatives Kollisionsrecht 65
        1. Die Haltung der französischen Autoren 65
        2. Die Gedankenmodelle der deutschen Rechtswissenschaft 66
    II. Die räumliche Nähe der realisierten Zuständigkeit 67
        1. Option zugunsten der lex fori für den erhobenen Anspruch 68
        2. Prinzipielle Kompetenz der lex fori 69

Zusammenfassung 71

Zweiter Teil
Die Praxis der Parteiautonomie 73

Erster Abschnitt
Die Zulässigkeit der Rechtswahl 73

A. Die Grenzen der Rechtswahl im Vertragsstatut 73

    I. Deutsches Internationales Privatrecht 73
        1. Art. 27 Abs. 3 EGBGB 73
        2. Der zwingende Anwendungsbereich deutscher klassischer Privatrechtsnormen in der Rechtsprechung und Literatur 74
            2.1. Formvorschriften 74
                a) § 313 BGB 74
                b) § 518 BGB 76
                c) § 766 BGB 77
            2.2. Privatrechtsnormen mit elementarem Gerechtigkeitsgehalt .. 78
                a) Anfechtung wegen arglistiger Täuschung oder Drohung . 78
                b) Wucher 79
        3. Geschäftsfähigkeit 79
        4. Zwingender Anwendungsbereich sozialmotivierter Normen des Sonderprivatrechts 79
            4.1. Autonomie im Internationalen Arbeitsrecht 79
                a) Zuständigkeitsvereinbarungen in Arbeitssachen 80
                b) Folgerungen für Art. 30 EGBGB 83
            4.2. Autonomie im Internationalen Verbraucherrecht 84
                a) Art. 29 EGBGB 84
                b) § 12 AGBG 85

4.3. Autonomie in internationalen Mietverträgen 87
    a) Gerichtsstandsvereinbarungen in Mietsachen 87
    b) Gleichlauf durch Sonderanknüpfung 88

II. Französisches Internationales Privatrecht 89
  1. Der Begriff des internationalen Vertrages 89
    1.1. Internationaler Vertrag und Zuständigkeitsvereinbarungen .. 90
      a) Derogation französischer Gerichtszuständigkeit zugunsten ausländischer Gerichte 90
      b) Schiedsgerichtsklauseln 93
      c) Fazit 95
    1.2. Internationaler Vertrag und Rechtswahl 96
  2. Zwingender Anwendungsbereich französischer Normen des klassischen Privatrechts nach der Rechtsprechung 97
    2.1. Formvorschriften 97
    2.2. Irrtumsregelungen 98
    2.3. Cause und lésion 98
  3. Geschäftsfähigkeit 99
  4. Zwingende allseitige Kollisionsnormen des sozialmotivierten Sonderprivatrechts 99
    4.1. Internationales Arbeitsrecht 99
    4.2. Internationales Verbraucherrecht 100

B. Parteiautonomie im Deliktsstatut 101

  I. Die Einheit von Vertrags- und Deliktsstatut nach der deutschen Rechtsprechung 101

  II. Das Deliktsstatut im französischen Recht 102

C. Parteiautonomie im internationalen Sachenrecht 102

  I. Die Haltung des deutschen Rechts 102

  II. Die Position des französischen Rechts 103

Zweiter Abschnitt
Die Anknüpfung des Vertragsstatuts   104

A. Die Anknüpfungsleiter 104

  I. Die Anknüpfungsleiter des deutschen Rechts 104

  II. Die Anknüpfungsleiter des französischen Rechts 104

Inhaltsverzeichnis 13

B. Die Gewichtung der Anknüpfungsfaktoren 105

I. Die Anknüpfung des Vertragsstatuts auf der dritten Stufe der Leiter im deutschen Recht (Art. 28 EGBGB) 105

 1. Die Anknüpfung an den einheitlichen Erfüllungsort und Abs. 3 und 4   107
 2. Das Prinzip der charakteristischen Leistung und die Idee der Bestimmung des Vertragsforums 108
    2.1. Anknüpfung bei Überlappung von Wohnsitz bzw. Sitz einerseits und Sitz der Niederlassung andererseits sowie Anknüpfung bei gemeinsamem Wohnsitz- bzw. Sitzstaat sowie bei gemeinsamem Aufenthaltsstaat 108
    2.2. Das Prinzip der charakteristischen Leistung und die Anknüpfung an den einheitlichen Erfüllungsort 108
    2.3. Die Bestimmung der charakteristischen Leistung und Anknüpfung bei Fehlen einer charakteristischen Leistung 110
    2.4. Die Schwerpunktbetrachtung nach Abs. 5 111

II. Die Anknüpfung des Vertragsstatuts bei Fehlen einer ausdrücklichen Rechtswahl im französischen Recht 112

 1. Gerichtsstands- und Schiedsklauseln 112
 2. Anknüpfung an den Erfüllungsort einer Vertragspflicht 112
 3. Anknüpfung an die gemeinsame Staatsangehörigkeit 113
 4. Anknüpfung an den Abschlußort 113
 5. Inhalt der in Betracht zu ziehenden Rechtsordnungen 114
 6. Die Anknüpfung von Bürgschaftsverträgen 114

Dritter Abschnitt

Prozeßverhalten als Geltungsgrund für die lex fori 115

A. Die Wahl der lex fori nach deutschem Recht im internationalen Vertrags- und Deliktsrecht 115

I. Die Perspektive des Zuständigkeitsrechts 115

II. Art. 27 Abs. 2 Satz 1 EGBGB und die Annahme einer Wahl der lex fori durch die Rechtsprechung 116

B. Der Einredecharakter der französischen Kollisionsrechtsnormen 118

I. Der kollisionsrechtliche Aussagegehalt des französischen Zuständigkeitsrechts 118

II. Die französische Rechtsprechung zur Anwendung ausländischen Rechts   118

Vierter Abschnitt
    Zusammenfassung und Vergleich   120

Schlußwort 125

Literaturverzeichnis 130

Abkürzungsverzeichnis

a.A.	anderer Ansicht
a.a.O.	am angegebenen Ort
Abs.	Absatz
AbzG	Gesetz, betreffend die Abzahlungsgeschäfte
AcP	Archiv für die civilistische Praxis
a.E.	am Ende
AGB	Allgemeine Geschäftsbedingungen
AGBG	Gesetz zur Regelung der Allgemeinen Geschäftsbedingungen
AP	Arbeitsrechtliche Praxis
Arch. philo. du droit	Archives de Philosophie du Droit
Art. Artt.	Artikel (Singular bzw. Plural)
AuR	Arbeit und Recht
Aufl.	Auflage
AWD	Außenwirtschaftsdienst des Betriebsberaters
BAG	Bundesarbeitsgericht
BayObLG	Bayerisches Oberstes Landgericht
BB	Betriebsberater
Bd.	Band
Bem.	Bemerkung
BGB	Bürgerliches Gesetzbuch (Deutschland)
BGBl.	Bundesgesetzblatt
BGH	Bundesgerichtshof
BGHZ	Entscheidungen des Bundesgerichtshofes in Zivilsachen
BR	Bundesrat
BT	Bundestag
bzw.	beziehungsweise
Cass.civ.	Cour de Cassation, Chambre civile
Cass.com.	Cour de Cassation, Chambre commerciale
Cass.Req.	Cour de Cassation, Chambre Requêtes
Cass.soc.	Cour de Cassation, Chambre sociale
C.civ.	Code civil
Clunet	Journal du Droit International Privé et de la Jurispudence Comparée (bis 1914); Journal du Droit International (ab 1915)
CMR	Übereinkommen über den Beförderungsvertrag im internationalen Straßengüterverkehr vom 19.5.1956/ 16.8.1961
D	Recueil Dalloz
DB	Der Betrieb

DNotZ	Deutsche Notar-Zeitschrift
D.P.	Recueil Dalloz Periodique
D.S.	Recueil Dalloz Sirey
EGBGB	Einführungsgesetz zum Bürgerlichen Gesetzbuche
EuGH	Europäischer Gerichtshof
Europ.	europäisch
EWG	Europäische Wirtschaftsgemeinschaft
f., ff.	folgend(e)
FG	Festgabe
Fn.	Fußnote
FS	Festschrift
GS	Gedächtnisschrift
GVÜ	Europäisches Übereinkommen über die gerichtliche Zuständigkeit und die Vollstreckung gerichtlicher Entscheidungen in Zivil- und Handelssachen vom 27.9.1968
hrsg.	herausgegeben
IPR	Internationales Privatrecht
IPrax	Praxis des Internationalen Privat- und Verfahrensrechts
IPRspr.	Die deutsche Rechtssprechung auf dem Gebiete des internationalen Privatrechts
I.R.	Informations Rapides
IZPR	Internationales Zivilprozeßrecht
JCP	La Semaine juridique
JR	Juristische Rundschau
JuS	Juristische Schulung
JZ	Juristenzeitung
LAG	Landesarbeitsgericht
LG	Landgericht
LM	Nachschlagewerk des Bundesgerichtshofes, hrsg. von Lindenmaier, Möhring u.a.
MDR	Monatsschrift für Deutsches Recht
Mün.Kom.	Münchner Kommentar zum Bürgerlichen Gesetzbuch
m.w.N.	mit weiteren Nachweisungen
NiemZ	Niemayers Zeitschrift für Internationales Recht
NJW	Neue Juristische Wochenschrift
Nou.Rev.dr.i.p.	Nouvelle Revue de droit international privé
Nr.	Nummer
OGH	Oberster Gerichtshof für die Britische Zone
OGHZ	Entscheidungen des Obersten Gerichtshofes für die Britische Zone in Zivilsachen
OLG	Oberlandesgericht

Rabels Z	Zeitschrift für ausländisches und internationales Privatrecht, begründet von Ernst Rabel
Rec.des cours	Académie de Droit International, Recueil des cours
Rev.crit.	Revue critique de droit international privé
RG	Reichsgericht
RGRK	Das Bürgerliche Gesetzbuch mit besonderer Berücksichtigung der Rechtssprechung des Reichsgerichts und des Bundesgerichtshofes, Kommentar, 1974 ff.
RGZ	Entscheidungen des Reichsgerichts in Zivilsachen
RIW	Recht der internationalen Wirtschaft
RIW/AWD	Recht der internationalen Wirtschaft, Außenwirtschaftsdienst des Betriebsberaters
Rz.	Randziffer
S	Recueil Sirey
S.	Seite
SAE	Sammlung arbeitsrechtlicher Entscheidungen
Schw.Jb.f.int.Recht	Schweizerisches Jahrbuch für internationales Recht
Slg.	Sammlung der Rechtssprechung des Europäischen Gerichtshofes
Trib.	Tribunal
Trib. de gr.inst.	Tribunal de grande instance
u.	und
u.a.	und andere
usw.	und so weiter
v.	von, vom
VersR	Versicherungsrecht
vgl.	vergleiche
Warn.	Warneyer, Rechtssprechung des Bundesgerichtshofs in Zivilsachen
WM	Wertpapier-Mitteilungen
ZfRV	Zeitschrift für Rechtsvergleichung
ZIP	Zeitschrift für Wirtschaftsrecht
ZPO	Zivilprozeßordnung
ZVglRW	Zeitschrift für vergleichende Rechtswissenschaft
ZVR	Zivilverfahrensrecht

Einleitung

Auf die Privatautonomie, sprich die Befugnis der Privatrechtssubjekte, selbst eine Regelung ihrer Lebensverhältnisse zu treffen, wird auch im Rechtsanwendungsrecht zurückgegriffen. Die allgemein unter dem Stichwort „Parteiautonomie" abgehandelte[1] Möglichkeit, zwischen mehreren Rechtsordnungen diejenige auszuwählen, die das eigene Rechtsverhältnis zu regeln hat, ist im Bereich des Internationalen Vertragsrecht nicht mehr wegzudenken. Von diesem mittlerweile angestammten Terrain aus scheint die Parteiautonomie sich aufzumachen, auch die anderen Gebiete des Internationalen Privatrechts zu erfassen. In Deutschland hat sie seit dem Inkrafttreten des Gesetzes zur Neuregulierung des Internationalen Privatrechts am 1.9.1986 Einzug in das Internationale Familien[2]- und Erbrecht[3] gehalten. Andererseits ist die Stellung der Parteiautonomie im Internationalen Vertragsrecht nicht mehr unangefochten. Den Vertragspartnern die Bestimmung des auf ihre Ansprüche anzuwendenden Rechts zu überlassen, ist für eine Vielzahl von Vertragstypen zweifelhaft geworden[4].

---

[1] *Von Bar, Christian*, Rz. 539 ff.; *Neuhaus:* Grundbegriffe, S. 251 ff., *Raape/Sturm*, S. 104. Es mag überraschen, daß hier die Begriffe Privatautonomie und Parteiautonomie miteinander vermengt werden. Allgemein geht man doch davon aus, daß beide auf verschiedenen Ebenen liegen. Privatautonomie soll Vertragsfreiheit auf dem Gebiet des internen Rechts eines Staates, Parteiautonomie dagegen Verweisungsfreiheit im Bereich des IPR bedeuten (*Staudinger/Firsching*, Vor Art. 12 Rz. 312). Die mit der Parteiautonomie verbundene Möglichkeit, sich über zwingendes Recht eines Staates hinwegzusetzen, hat aber zwangsläufig die Erweiterung der inhaltlichen Gestaltungsbefugnisse der Rechtswählenden im internationalen Bereich zur Folge. Eine apriorische Differenzierung zwischen Privatautonomie und Parteiautonomie ist daher nicht angezeigt, was durch die Tatsache unterstrichen wird, daß die französische Rechtsordnung diese Unterscheidung nicht kennt und die in nationalen und internationalen Fällen gewährte Freiheit mit den Worten „autonomie de la volonté" umschreibt (*Staudinger/Firsching*, a.a.O.). Die Differenzierung Privatautonomie - Parteiautonomie hat daher eher einen Beleuchtungseffekt, in dem sie die erweiterte Autonomie im internationalen Bereich mit der dort auftretenden Konkurrenz mehrerer Gesetzgebungen in Verbindung bringt (vgl. *Neumayer*, Rev.Crit. 1957, S. 579, 604 f.).

[2] Siehe Art. 14 Abs. 2 und Abs. 3 sowie Art. 15 Abs. 2 EGBGB in der seit dem 1.9.1986 geltenden Fassung. Eine nach Art. 14 Abs. 2 bzw. Abs. 3 EGBGB erfolgte Wahl des für die allgemeinen Ehewirkungen maßgeblichen Status beeinflußt sowohl gem. Art. 17 Abs. 1 EGBGB das Scheidungsstatut als auch, vorbehaltlich einer nach Art. 15 Abs. 2 EGBGB erfolgten Rechtswahl, gem. Art. 15 Abs. 1 EGBGB das Güterrechtsstatut.

[3] Siehe Art. 25 Abs. 2 EGBGB in der seit dem 1.9.1986 geltenden Fassung.

[4] Zur Rechtswahlbefugnis in Arbeits- und Mietverträgen sowie Verträgen mit Verbrauchern, bei denen im materiellen Recht die Vertragsfreiheit zum Schutze der schwächeren Partei durch zahlreiche Vorschriften eingeschränkt worden ist, siehe unter 1. Teil, 2. Abschnitt, A I 2.4, sowie 2. Teil, 1. Abschnitt, A I 4. und II 4.

Sind Umfang und Grenzen der Parteiautonomie somit ins Schwimmen geraten, schwebt zudem der Gedanke von der Parteiautonomie als „basic rule" in der Luft[5], besteht Anlaß, der Frage nachzugehen, ob sich nicht mit Hilfe sachlogischer Erwägungen Prinzipien entwickeln lassen, die die theoretische Erfassung der Parteiautonomie erleichtern und einer Diskussion um die Stellung parteiautonomen Handelns innerhalb eines Kollisionsrechts zu Konturen verhelfen. Auch die IPR-Reform in Deutschland hat das Interesse an dieser Frage nicht verstummen lassen. Die zahlreichen Aufsätze, die sich mit der Parteiautonomie nach der Reform beschäftigen[6], belegen das weiterhin bestehende Bedürfnis an ihrer Klärung.

Die Entwicklung von Prinzipien hat nicht aus einer isolierten Betrachtung der Rechtswahl zu erfolgen. Es gilt einen perspektivischen Ansatz zu entwickeln, der weniger die mit der Rechtswahl verbundene Selbstbestimmung von den sonstigen Anknüpfungsmechanismen des IPR abgrenzt, wie es durch die Charakterisierung der Rechtswahl als subjektiven Anknüpfungsfaktor im Gegensatz zu den sonstigen objektiven Anknüpfungspunkten erfolgt. Vielmehr muß der Ansatz die Selbstbestimmung als einen integrierten Bestandteil eines einheitlichen Kollisionsrechtsgefüges erscheinen lassen. Die Stellung der Parteiautonomie soll aus einem Ganzen heraus, hier dem IPR als der Materie, die sich mit der räumlichen Kollision von Rechtsordnungen beschäftigt, beschrieben werden.

Diese integrative Betrachtung der Parteiautonomie wird sich auf drei Ebenen vollziehen:

Eine integrative Betrachtung der Rechtswahlbefugnis bedarf einer Beschreibung der Prämissen, die das Kollisionsrecht an die Zulässigkeit autonomen Handelns stellt. Ausgehend von den hierbei gewonnenen Erkenntnissen soll im ersten Teil der Arbeit im Diskurs mit den dogmatischen Modellen der Literatur die Stellung der Parteiautonomie im Internationalen Vertrags- und Deliktsrecht sowie im Internationalen Sachenrecht entwickelt werden.

---

[5] Daß sich die Parteiautonomie über längere Sicht zu einer „basic rule" des Kollisionsrechts entwickelt, hält *Kühne* für durchaus vorstellbar (IPrax 1987, 69 sowie JZ 1973, 403, 407). Zurückhaltend beurteilt *Christian v. Bar* die Rolle der Parteiautonomie (Rz. 541), während *Kegel* ihr nur die Funktion eines Notbehelfs zubilligen will (IPR § 21 I 2, S. 651).

[6] Zur Rechtswahl im vertraglichen Bereich und Anknüpfung des Vertragsstatuts: *Sandrock*, RIW 1986, 841 ff.; *Werner Lorenz*, IPrax 1987, 269 ff.; *Egon Lorenz*, RIW 1987, 569 ff.; *Däubler*, RIW 1987, 249 ff. (im Arbeitsrecht); *Kindler*, RIW 1987, 660 ff. (im Handelsvertreterrecht); zur Rechtswahl im außerschuldvertraglichen Bereich: *Kühne*, IPrax 1987, 69 ff.; *Siehr*, IPrax 1987, 4, 6 f. (im Erbrecht); *Wegmann*, NJW 1987, 1740 ff. (im Eherecht).

Eine Begrenzung der Betrachtung auf diese Bereiche des Internationalen Privatrechts empfiehlt sich, da die Diskussion um die Rechtswahl dort die klarsten Konturen zeigt.

Neben dieser horizontalen Erstreckung der Rechtswahl geht es um deren vertikale Integration. Dabei spielt das Verhältnis der einzelnen Stufen der Anknüpfungsleiter der Statuten eine Rolle, die der Rechtswahl zugänglich sind. Untersucht werden soll, ob insbesondere hinter der Anknüpfung des Vertragsstatuts an einen erklärten Willen der Parteien sowie bei fehlender Rechtswahl ein einheitlicher Gesichtspunkt steht.

Schließlich soll der Frage nachgegangen werden, ob außerhalb der Bereiche, die der Parteiautonomie nach den Ausführungen zu ihrer horizontalen Erstreckung offenstehen, Rechtswahl nicht insoweit möglich ist, als es um die Entscheidung zwischen der Anwendung der von der Kollisionsnorm berufenen Rechtsordnung und der lex fori innerhalb eines Prozesses geht.

Im zweiten Teil der Arbeit wird untersucht werden, inwieweit die theoretischen Erkenntnisse die Rechtslage in den im ersten Teil behandelten Bereichen des Kollisionsrechts widerspiegeln.

Im Interesse einer besseren Absicherung der aus den Prämissen der Privatautonomie im Rechtsanwendungsrecht gezogenen Folgerungen werden im ersten Teil neben den Äußerungen deutscher Rechtswissenschaftler auch die dogmatischen Vorstellungen innerhalb der französischen Literatur berücksichtigt. Die Erkenntnis, daß die Ableitungen um so plausibler erscheinen, je größer die Anzahl der Länder ist, deren Rechtspraxis es mit Hilfe der Ableitungen gelingt zu systematisieren, hat zur Folge, daß der zweite Teil der Arbeit sich sowohl auf die deutsche als auch die französische Rechtsprechung erstreckt.

Das Schlußwort ist dem Nutzen der gewonnenen Erkenntnisse für die seit der IPR-Reform der Rechtswahl zugänglichen Bereiche gewidmet.

Erster Teil
Theoretische Betrachtungen zur Parteiautonomie

Erster Abschnitt
Die Prämissen der Parteiautonomie

Soll die Stellung der Privatautonomie im Kollisionsrecht wertungsmäßig näher ausgelotet werden, muß das Augenmerk auf die Konstellation der Interessen in zweierlei Hinsicht gerichtet werden. Einerseits bedarf es einer Klärung, wie autonomes Verhalten innerhalb eines Rechtsbereiches sich überhaupt rechtfertigen kann. Andererseits ist das so abgesteckte Terrain der Autonomie mit den kollisionsrechtlichen Interessen in Verbindung zu setzen. Zuvor soll die Aufmerksamkeit aber der Dogmatisierung der Parteiautonomie in der Literatur gewidmet werden.

A. Die Integration der Parteiautonomie in der Literatur

In der juristischen Literatur stehen sich seit langem zwei Gedankenmodelle zur Stellung der Parteiautonomie im Kollisionsrechtsgefüge gegenüber, die sich allerdings im Ergebnis kaum unterscheiden. In jüngster Zeit ist der Versuch unternommen worden, einen neuen Ansatz zu entwickeln.

I. Die Lokalisierungstheorie Batiffols

Mit Hilfe der Lokalisierungstheorie, deren Grundzüge er erstmals im Jahre 1937 darlegte[1], gelang es Batiffol als erstem Wissenschaftler, der spätestens seit Ende des 19. Jahrhunderts von der französischen Rechtspraxis anerkannten Parteiautonomie im internationalen Vertragsrecht[2] eine dogmatische Grundlage zu verschaffen.

---

[1] Siehe *Batiffol* Conflits, Bem. 44 f.

[2] Erstmals in der Entscheidung des Cour de Cass. Req. vom 19.5.1884 erscheint der Parteiwille als Anknüpfungspunkt (S 1885.1.113, 115 = D.P. 1884.1.286, 287). Ausdrücklich zum Anknüpfungspunkt erhebt der Cour de Cassation die Rechtswahl im Urteil vom 5.12.1910 (S 1911.1.129, 132 = Rev. Crit. 1911, 395, 398 = Clunet 1912, 1156, 1157).

1. Inhalt der Theorie

Batiffols Position ist die, daß Privatrechtssubjekten nicht die Befugnis gewährt werden darf, das anzuwendende Recht zu wählen. Ihnen stünde lediglich die Möglichkeit offen, ihren Vertrag zu lokalisieren[3]. Darunter versteht Batiffol die Spezifizierung durch die Vertragspartner des Vertragselementes, das nach der vertraglichen Zwecksetzung die stärkste Verbindung zu einer der betroffenen Rechtsordnungen aufweist[4]. Die Verbindung zwischen Vertragszweck und den nationalen Rechtsordnungen ist dabei nicht allein räumlich i. e. S. des Wortes zu verstehen. Die Vertragspartner können daher ihren Vertragszweck auch so konzipieren, daß nicht die Verbindung mit einem bestimmten Territorium als vielmehr mit einem juristischen System ausschlaggebend erscheint[5]. Dies nimmt Batiffol an, wenn der Vertrag einem bestimmten wirtschaftlichen Umfeld zuzuordnen ist, das von einer bestimmten Rechtsordnung beherrscht wird[6]. So ist es zulässig, daß Versicherungsverträge englischem Recht unterstellt werden, ohne daß der Sachverhalt Elemente aufweisen muß, die eine Verbindung zur englischen Hoheitsmacht herstellen[7]. Die Freiheit der Parteien bei der Vertragszweckgestaltung geht sogar soweit, daß sie den Vertrag in der Rechtsordnung des von Ihnen für zuständig erklärten Gerichts eines neutralen Staates lokalisieren können[8].

Bei Batiffol erlangt der Parteiwille also nicht die Bedeutung eines Anknüpfungspunktes. Der Wille formt lediglich den Sachverhalt, der unter die Kollisionsnorm subsumiert wird. Es bleibt bei einer objektiven Anknüpfung durch das Gericht mittels einer Schwerpunktbetrachtung. Das Gericht kann sich deshalb über den Parteiwillen hinwegsetzen[9], wenn die Parteien sich nicht auf die Spezifizierung des Vertragselementes, das die stärkste Verbindung des Vertrages zu einer der betroffenen Rechtsordnungen vermittelt, beschränken.

2. Würdigung

Durch die dialektische Geschicklichkeit, die die Lokalisierungstheorie auszeichnet, gelingt es Batiffol, den von den Gegnern der Parteiautono-

---

[3] *Batiffol:* Aspects, S. 87; *Batiffol/Lagarde* II, Bem. 571.
[4] *Batiffol:* Mélanges Maury, S. 39, 53.
[5] a.a.O., S. 54.
[6] a.a.O.
[7] a.a.O.
[8] a.a.O.
[9] *Batiffol:* Aspects, S. 87, sowie *Batiffol:* Mélanges Maury, S. 39.

mie zu Beginn des Jahrhunderts aus dem Wesen des Gesetzes abgeleiteten Bedenken[10] den Boden zu entziehen. Es steht nicht in der Macht der Parteien zu bestimmen, was Recht ist. Sie bleiben dem Gesetz unterworfen. Welchen Gesetzen sie unterworfen sind, hängt allerdings vom Sachverhalt ab, den sie mittels ihres Willens formen können.

Der Lokalisierungsthorie gelingt auch die Integration der Parteiautonomie in ein einheitliches kollisionsrechtliches Gedankengebäude. Ebenso wie bei der Bestimmung des maßgeblichen Status für Rechtsverhältnisse, die nicht der Parteiautonomie zugänglich sind, und wie in den Fällen fehlender Wahl des Vertragsstatus wird objektiv angeknüpft.

Offengeblieben sind bei Batiffol die Kriterien der Schwerpunktbildung. Wie weit diese durch autonomes Verhalten einzelner Privatrechtssubjekte beeinflußt wird, beantwortet Batiffol nicht. Er handhabt die Schwerpunktbildung im vertraglichen Bereich sehr flexibel. Er läßt die vertragliche Lokalisierung in einer Rechtsordnung zu, zu der die räumlichen Verbindungen schwach sind oder zu der andere als räumliche Beziehungen bestehen. Dadurch, daß dem Willen entscheidende Bedeutung beigemessen wird, wird die Grenzziehung zur subjektiven Anknüpfung an den Parteiwillen schwierig[11]. Auch ist zumindest zweifelhaft, ob Batiffol dem Willen der Rechtswählenden tatsächlich nur indirekte Bedeutung zumißt[12]. Es ist schwer vorstell-

---

[10] Für *Pillet* war das Gesetz ein Instrument der staatlichen Autorität, das sich durch Kontinuität und Generalität auszeichnet (Clunet 1894, 417, 423). Aus der Kontinuität sollte die Extraterritorialität der Gesetze folgen. Die Kontinuität verlange, daß das Gesetz auf die Personen angewendet werde, auf die es abzielt, auch wenn die Personen das Inland verlassen (a.a.O., S. 425). Die Generalität impliziere dagegen die Territorialität. Alle Rechtssubjekte, die sich im Herrschaftsbereich der Rechtsordnung aufhielten, seien dieser unterworfen (a.a.O., S. 425 f.). Auf der Basis eines solch umfassenden gesetzlichen Geltungsanspruchs war es für *Pillet* nicht annehmbar, den von einem Gesetz angesprochenen Personen das Recht zu gewähren, über das Gesetz zu disponieren (Clunet 1894, 711, 717 f.), soweit natürlich nicht das Gesetz sich selbst lediglich dispositiven Charakter beimißt (a.a.O., 718 f.). *Niboyet* hielt Rechtswahl für unzulässig, da die Gesetze, die im internen Recht zwingend ausgestaltet sind, ohne Ausnahme diesen Charakter auch im internationalen Recht behalten müßten, um nicht ohne Not die Effektivität der Gesetze in ihrem räumlichen Anwendungsbereich zu gefährden und nicht den verfolgten sozialen Zweck zu verfehlen (Rec. des cours, 16 (1927 I), 5, 54). Zur Haltung der französischen Rechtswissenschaft zu Beginn des Jahrhunderts vgl. auch *Wicki*, S. 41 ff.

[11] *Curti-Gialdino*, Bem. 29. Die Problematik der Batiffolschen Gratwanderung zwischen einer subjektiven Anknüpfung, die den Parteiwillen zum Anknüpfungsfaktor erhebt, und einer objektiven Anknüpfung, die Privatrechtssubjekten jegliche Befugnis zur Beeinflussung der Anknüpfung abstreitet, wird deutlich, wenn *Batiffol* den Privatrechtssubjekten zwar eine „liberté de désignation de la loi applicable" zubilligt (Mélanges Maury, S. 39, 44), es aber gleichzeitig ablehnt, daß die Parteien das anwendbare Recht wählen dürfen (siehe Nachweise oben in Fn. 3).

[12] Vgl. *Curti-Gialdino*, a.a.O., nach dem auch die Lokalisierungstheorie nicht umhinkommt, dem Parteiwillen unmittelbar Bedeutung beizumessen.

bar, den Inhalt der Rechtswahl über den Begriff der vertraglichen Zweckentfremdung so zu formen, daß die Anwendung der von den Parteien bestimmten Rechtsordnung nicht an den bloßen Parteiwillen, sondern an den Vertragszweck anknüpft. Wenn Battifol eine vertraglich konzipierte spanische Angelegenheit annimmt, weil der französische Käufer, auf Abschluß des Vertrages erpicht, sämtliche Bedingungen des spanischen Verkäufers akzeptiert und der Geltung spanischen Rechts zustimmt[13], beruht das Vertragsstatut unmittelbar auf dem Willen der Vertragspartner.

II. Die Theorie der kollisionsrechtlichen Verweisungsfreiheit

Die Theorie der kollisionsrechtlichen Verweisungsfreiheit geht auf Werke von Gerhard Mayer und Haudek zurück[14]. Sie wird in Deutschland fast ausschließlich[15], in Frankreich neben der Lokalisierungstheorie vertreten[16].

1. Aussagegehalt der Theorie

Anders als die Lokalisierungstheorie betrachtet die Theorie der kollisionsrechtlichen Verweisungsfreiheit die Parteiautonomie als Anknüpfungs-

---

[13] So in *Batiffol/Lagarde* II, Bem. 572.

[14] *Mayer* zeigte auf, daß der von den Gegnern der Parteiautonomie um die Jahrhundertwende erhobene Einwand, daß der Wille der Parteien nicht über dem Gesetz steht, sondern nur insoweit Geltung erlangen kann, als das Gesetz ihm rechtliche Wirkung beimißt (so *von Bar*, Ludwig, II, S. 4), unbeachtet bleiben konnte. Der Parteiwille hat keine originäre Kraft (*Gerhard Mayer*, NiemZ 44 (1931), 103, 122 f.), sondern ist dann beachtlich, wenn die Kollisionsnorm als generelles Blankett ausgestaltet ist, dessen Ausfüllung im Einzelfall den Parteien überlassen wird (a.a.O., S. 124). Damit war der Weg zum Anknüpfungsfaktor Rechtswahl frei. *Haudek* hob ausgehend auf der von *Zitelmann* begründeten Differenzierung zwischen materiell- und kollisionsrechtlicher Verweisung (zu *Zitelmann* unten bei Fn. 22 ff.) hervor, daß die kollisionsrechtliche Verweisungsfreiheit über die materiellrechtliche Dispositionsbefugnis hinausgehen kann (*Haudek*, S. 7 f.). Zu *Mayer* und *Haudek* siehe auch *Wicki*, S. 80 f.

[15] Lediglich *Mincke* hat sich jüngst für die Lokalisierungstheorie ausgesprochen (IPrax 1985, S. 313, 316 f.). Die Lokalisierungstheorie lehnen ausdrücklich ab *Gamillscheg*, AcP 157 (1958/59), 303, 315 ff.; *Staudinger/Firsching*, Vor Art 12 Rz. 329 a.E.

[16] Die Lokalisierungstheorie, die naturgemäß in das von *Batiffol/Lagarde* verfaßte französische Standardwerk zum IPR Einzug gefunden hat (*Batiffol/Lagarde* II, Bem. 571 ff.), wird noch von *Loussouarn/Bredin* (Bem. 510) vertreten. Die Gründe, die *Batiffol* für die objektive Ausgestaltung seiner Theorie gibt, hat *Jacquet* kürzlich in einer Doktoratsthese einer kritischen Überprüfung unterzogen (*Jacquet*, Bem. 273 ff.) mit dem Ergebnis, daß die von *Batiffol* gegen den Subjektivismus erhobenen Einwände, nach dem der Parteiwille die Funktion eines Anknüpfungsfaktors hat, nicht haltbar seien (a.a.O., Bem. 318). Für den Subjektivismus haben sich auch *Loussouarn/Bourel* (Bem. 176, S. 231) und *Pierre Mayer* (Bem. 671 ff., 673) ausgesprochen.

punkt und stellt damit die Rechtswahl in bewußten Gegensatz zu den objektiv verstandenen Anknüpfungsmomenten Wohnsitz, Staatsangehörigkeit etc.[17] Der Parteiwille ist dann nicht mehr bloße Tatsache, wozu ihn die Lokalisierungstheorie künstlich[18] reduzieren möchte, sondern erlangt den Charakter eines rechtlichen Prinzips. Einwände gegen die Parteiautonomie, die aus dem zwingenden Charakter interner Normen abgeleitet werden, sucht man mit dem Argument zu entkräften, daß die Frage, ob eine Norm zwingend sei, erst beantwortet werden könne, wenn feststehe, daß sie anwendbar sei. Diese Frage bilde aber gerade den Gegenstand der Kollisionsnorm[19]. Eine Kollisionsnorm könne in ihren Tatbestand die Rechtswahl als Anknüpfungsmoment aufnehmen[20]. Der Einwand gegen die Parteiautonomie, zwingende Vorschriften könnten auf internationaler Ebene nicht ihre zwingende Kraft verlieren, sei daher eine petitio principii[21].

2. Aussagekraft der Theorie

Die Herausschälung des subjektiven Charakters der Rechtswahlbefugnis läßt die Frage nach ihrer Integration in das Kollisionsrecht unberührt. Schon der Blick auf die Entstehungsgeschichte des Modells der kollisionsrechtlichen Verweisungsfreiheit bestätigt, daß es allein nicht in der Lage ist, eine Legitimationsgrundlage autonomen Handelns im Internationalen Privatrecht zu bilden. Bereits Zitelmann hatte den Gedanken der Trennung der materiell- und kollisionsrechtlichen Verweisungsfreiheit aufgeworfen[22], ohne sich für die Zulässigkeit der Rechtswahl entscheiden zu können. Ihm war nicht einsichtig, wie Gültigkeit und Grenzen der Parteiwillkürung beurteilt werden könnten[23]. Zwar wird dieses Problem, vor dem Zitelmann aufgrund seiner rechtspositivistischen Einstellung kapitulierte[24], heute einer pragma-

---

[17] Dieser Gegensatz ist einer der Gründe, aus denen sich *Batiffol* sträubt, eine Rechtswahlbefugnis der Parteien i.e.S. anzuerkennen (*Batiffol*: Aspects, S. 86).

[18] Zur Kritik an der Lokalisierungstheorie siehe oben unter I.2.

[19] *Gamillscheg*, AcP 157 (1958/59), 303, 306.

[20] *Gerhard Mayer*, NiemZ 44 (1931), 103, 124 f.

[21] *Gamillscheg*, AcP 157 (1958/59), 303, 306.

[22] *Zitelmann* I, S. 270 ff.

[23] a.a.O., 276 ff. Zu Zitelmanns Ausführungen zur Rechtswahlbefugnis siehe auch *Wicki*, S. 47 ff.

[24] *Zitelmann* entwarf ein international-privatrechtliches System, das ausgehend vom Begriff des subjektiven Privatrechts, dessen Wesen es sei, daß es vom Staat durch seine Rechtsordnung verliehen würde, zum Völkerrecht führte, durch das die rechtliche Macht des Staates anerkannt werden muß, damit sie international wirksam ist (*Zitelmann*, a.a.O., S. 71). Diese begriffliche Konstruktion gab ihm aber keine Antwort auf die von ihm aufgeworfene Frage (a.a.O., S. 276 f.).

tischen Behandlung zugeführt, indem man die Wirksamkeit der Rechtswahl der gewählten Rechtsordnung, die Zulässigkeit dagegen der lex fori entnimmt[25]. Es fehlt aber weiterhin an einer prinzipiellen Rechtfertigung parteiautonomen Handelns im internationalen Privatrecht. Diese gilt es zu suchen, wenn man sich nicht darauf beschränken will, den Anknüpfungspunkt Parteiwille als Verlegenheitslösung zu bezeichnen, den man bedauerlicherweise, „faute de mieux", zu dulden habe[26].

III. Rechtswahl als Inhaltsbestimmung

Schon immer wurde versucht, die Privatautonomie im Internationalen Privatrecht mit der materiellrechtlichen Privatautonomie zu rechtfertigen[27]. Die Versuche sind aber zum Scheitern verurteilt, da die Privatautonomie im Kollisionsrecht gerade über die materiellrechtliche Dispositionsbefugnis hinausgeht[28]. Denn der zwingende Charakter materiellrechtlicher Normen steht der kollisionsrechtlichen Verweisungsfreiheit nicht entgegen. Nunmehr hat Egon Lorenz einen Gedanken entwickelt, nach dem materiellrechtliche und kollisionsrechtliche Privatautonomie jedenfalls im internationalen Schuldvertragsrecht eine Symbiose eingehen[29]. Danach soll die kollisionsrechtliche Rechtswahl nicht mehr schwerpunktbestimmend, sondern nur noch inhaltsbestimmend sein[30]. Von den übrigen inhaltlichen Vereinbarungen der Parteien soll sie sich nur dadurch unterscheiden, daß die inhaltliche Ausgestaltung durch sie mit kollisionsrechtlichen Mitteln geschieht[31]. Somit reduziert sich der zwingende Charakter materiellrechtlicher Normen darauf, daß sie nicht völlig zur Disposition der Parteien stehen, sondern nur insoweit, als die Parteien auf den Bewertungsmaßstab ausländischer Rechtsordnungen verweisen. In der Konsequenz des Gedankens liegt es, Rechtswahl auch bei reinen Inlandsfällen zuzulassen[31]. Dies widerspricht aber eindeutig der in Art. 27 Abs. 3 EGBGB festgeschriebenen Rechtslage.

---

[25] *Staudinger/Firsching*, Vor. Art. 12 Bem. 337.
[26] *Kegel:* IPR, § 18 I 1c), S. 421.
[27] Siehe *Simitis* JuS 66, 209 f. sowie *Kühne:* Parteiautonomie, S. 23 ff., 25. In jüngerer Zeit haben *Dölle* (Rabels Z 30 (1966), 205, 218) sowie *Kropholler* (Rabels Z 33 (1969), 601, 639 f.) die Ansicht vertreten, die Parteiautonomie im Internationalen Vertragsrecht beruhe auf der materiellrechtlichen Vertragsfreiheit. Ähnlich hat sich *Neuhaus* geäußert (*Neuhaus:* Grundbegriffe, S. 257).
[28] *Simitis*, a.a.O., S. 210; *Kühne*, a.a.O., S. 25, 60.
[29] Siehe hierzu *Egon Lorenz*, RIW 1987, 569, 570 ff.
[30] a.a.O., S. 571 f.
[31] So ausdrücklich *Egon Lorenz*, a.a.O., S. 575.

B. Autonomie als formales Rechtsprinzip

I. Die Interessenstruktur autonomen Handelns

Grundlegend für die Strukturierung autonomen Handelns muß die Erkenntnis sein, daß die Interessen, die autonomes Handeln rechtfertigen, einen formalen Inhalt haben. Formal sind sie deshalb, weil sie nicht auf ein konkretes Ergebnis zielen. Bedeutet Autonomie selbständige Bestimmung dessen, was zu gelten hat, so steht der Akt der Bestimmung im Vordergrund. Erst als dessen Konsequenz wird ein konkretes Ergebnis anerkannt. Mittels Autonomie soll deshalb niemals ein bestimmtes Ergebnis erreicht werden[32]. Verführe man anders, bräuchte man die Autonomie nicht. Andererseits ist es auch offensichtlich, daß autonome Gestaltung nicht zu jedem beliebigen Ergebnis führen kann. Autonomie ist niemals unbeschränkt[33]. Da materielle Gesichtspunkte ein formales Prinzip einschränken, materielle und formale Kriterien aber nicht kompatibel sind, ist es erforderlich, falls man autonomes Handeln interessenmäßig zu strukturieren sucht, aufzuzeigen, wie die materielle Konstellation beschaffen sein muß, damit den Parteien die Bestimmung des anzuwendenden Rechts überlassen werden kann.

II. Die interessenmäßige Rechtfertigung der Privatautonomie im IPR

Durchleuchtet man die verschiedenen Stellungnahmen zur Parteiautonomie auf eine interessenmäßige Rechtfertigung, stellt sich alsbald eine Zweiteilung der Argumente heraus[34]. Einerseits werden Interessen genannt, die auf die Wahl eines bestimmten Rechts hinweisen, wie z. B. das Interesse an

---

[32] Nichts anderes besagt auch die von *Schmidt-Rimpler* entwickelte Lehre von der Richtigkeitsgewähr des Vertragsmechanismus (*Schmidt-Rimpler*, AcP 147 (1941), 130 ff.). Danach ist der Sinn des Vertrages nicht Willensherrschaft, sondern der Vertrag soll ein Mechanismus sein, um ohne hoheitliche Gestaltung in begrenztem Rahmen eine richtige Regelung auch gegen unrichtigen Willen herbeizuführen, weil immer der durch die Unrichtigkeit Betroffene zustimmen muß (a.a.O., S. 155 f.). Damit stellt *Schmidt-Rimpler* heraus, daß die Vertragsfreiheit der Vertragsgerechtigkeit untergeordnet ist. Durch den Rückgriff auf die Zustimmung des Betroffenen zur Legitimation einer eigentlich als unrichtig anzusehenden Vertragsgestaltung zeigt er aber zugleich, daß es ein bestimmtes, allein als richtig zu betrachtendes Ergebnis vertraglicher Verhandlungen nicht gibt. Er lehnt deshalb die Überprüfung des vereinbarten Vertragsinhaltes nach objektiven Richtigkeitskriterien ab (a.a.O., S. 165 ff.).

[33] Daß dem Willen der Privatrechtssubjekte nur insoweit Geltung zukommt, als ihm die Rechtsordnung gewährt, bestreitet in der Rechtswissenschaft heute keiner. Zur philosophischen Auseinandersetzung siehe *Batiffol:* Aspects, S. 89 ff.

[34] Eine Auflistung der für die Rechtswahlbefugnis sprechenden Gesichtspunkte befindet sich bei *Schmeding,* Rabels Z 41 (1977), 299, 305 ff. und *Weber*, Rabels Z 44 (1980), 510, 511 ff.

der Wahl des Rechts, das dem Rechtswählenden vertraut ist[35]. Andererseits führt man Interessen auf, die für die Rechtfertigung der Rechtswahl an sich sprechen, nämlich das Interesse an Selbstbestimmung[36] und das Planungsinteresse der Parteien[37] sowie das Interesse des internationalen Handels[38]. Lediglich die an zweiter Stelle aufgeführten Interessen weisen den erforderlichen formalen Charakter auf. Für sie ist die materielle Konstellation herauszuarbeiten, die parteiautonomes Handeln zuläßt.

1. Das Selbstbestimmungsinteresse

Selbstbestimmung gewährt, wie sich aus dem Wortlaut des Begriffs ableiten läßt, das Recht, über die eigenen materiellen Interessen, nicht dagegen über fremde materielle Interessen[39] zu bestimmen. Wer aber hat zwischen widerstreitenden materiellen Interessen verschiedener Rechtssubjekte abzuwägen? Da dies nicht Sache eines Rechtssubjekts sein kann, denn dieses soll ja nur über eigene Interessen bestimmen, muß hier der Normgeber eingreifen. Damit ist aber nicht jegliche Selbstbestimmung ausgeschlossen. Kommt der Gesetzgeber zu der Erkenntnis, daß Interessen eines einzelnen Rechtssubjekts fremde materielle Interessen überwiegen, ist insoweit eine Selbstbestimmung möglich. Die einzelne Person kann dann zwischen den eigenen Interessen wählen, die gegenüber den fremden als höherwertig angesehen werden.

2. Das Planungsinteresse

Unter dem Planungsinteresse ist das Interesse einer Partei zu verstehen, vor der Aufnahme von Dispositionen über die Konsequenzen, die ihr Verhalten mit sich bringt, informiert zu sein[40]. In internationalen Fällen tritt nun das Problem auf, daß die Privatrechtssubjekte von der konkurrierenden Zuständigkeit verschiedener nationaler Gerichte, denen verschiedene Rechtsordnungen zuzuordnen sind, auszugehen haben. Da sie dann oftmals nicht wissen, vor welchem Richter ein sie betreffender Rechtsstreit ausge-

---

[35] *Schmeding*, a.a.O., S. 306; *Weber*, a.a.O., S. 511.
[36] *Weber*, a.a.O.
[37] *Weber*, a.a.O.; *Schmeding*, a.a.O., S. 305.
[38] *Schmeding*, a.a.O.; *Weber*, a.a.O., S. 512.
[39] Gelegentlich wird betont, daß eine Beeinträchtigung der rechtsgeschäftlichen Entscheidungsfreiheit nicht vorliege, wenn mit der einseitigen Fremdbestimmung nur berechtigte Interessen verfolgt werden (*Wolf*, S. 114). Dann wird unter Fremdbestimmung aber Zwang (a.a.O.), nicht dagegen wie hier (dazu sogleich im Text) Durchsetzung eigener Interessen gegenüber höherwertigen Interessen anderer verstanden.
[40] *Schmeding*, Rabels Z 41 (1977), 299, 314 f.; *Weber*, Rabels Z 44 (1980), 510, 511.

tragen wird, ist es für sie im Vergleich zu internen Fällen nicht vorhersehbar, wie die unter 1. erläuterte Abwägung von fremden und eigenen materiellen Interessen ausgehen wird[41].

Die sich so abzeichnende Kollision zwischen dem Planungs- und dem Selbstbestimmungsinteresse besteht aber nur vordergründig. In Wirklichkeit löst sich das Planungsinteresse in dem Selbstbestimmungsinteresse auf. Das Interesse einer Partei, vor bestimmten Risiken geschützt zu werden, ist nichts anderes als ein solches materielles Interesse, das der Gesetzgeber zu berücksichtigen hat, wenn er bei der Frage, ob Selbstbestimmung zuzulassen ist, die fremden materiellen Interessen mit den materiellen Interessen des Rechtswahlberechtigten abzuwägen hat.

3. Das Interesse des internationalen Handels

Hinter diesem Interesse stehen verschiedene Gesichtspunkt, die den zuvor genannten Interessen zuzuordnen sind. Betont man, daß im internationalen Handel die tatsächliche Situation anders gestaltet ist als im internen Bereich und es folglich gestattet sein muß, über zwingende Normen zu disponieren[42], handelt es sich um nichts weiter als die Frage, ob im internationalen Bereich neue materielle Interessen des Rechtswählenden hinzutreten, die ein Abweichen von der für interne Fälle getroffenen Bewertung rechtfertigen. Beruht die Sonderbehandlung des internationalen Handelns darauf, daß für die Handelsprtner nicht ersichtlich ist, wie die Gerichte den durch die Auslandsberührung des Sachverhaltes hervorgerufenen Gesetzeskonflikt lösen werden[43], ist die Problematik des Planungsinteresses angesprochen.

---

[41] Oftmals wird über das Planungsinteresse die Rechtswahlmöglichkeit im Vertragsstatut begründet, weil den Parteien wegen des Bezugs des Vertrages zu mehreren Rechtsordnungen nicht leicht erkennbar sei, welches Recht zum gesetzlichen Vertragsstatut berufen ist (*Wengler*, Rabels Z 47 (1983), 215, 219; *Weber*, a.a.O.). Dadurch wird die Interessenlage unnötig kompliziert dargestellt. Das IPR soll sicherstellen, daß ein Rechtsstreit vor jedem Gericht der Welt gleich entschieden wird, indem jedes Gericht nicht einfach sein Heimatrecht zugrundelegt (*Savigny*, S. 27). Dann kommt dem Planungsinteresse im IPR insoweit Bedeutung zu, als die Erwartungen der Parteien über die Geltung eines der verschiedenen Heimatrechte der Gerichte der Welt zu schützen sind.

[42] *Schmeding*, Rabels Z 41 (1977), 299, 305; *Weber*, Rabels Z 44 (1980), 510, 512; *Batiffol*, ZfRV 1 (1960), 49; kritisch zu diesem Gesichtspunkt *Wengler*, Rabels Z 47 (1983), 215, 219.

[43] *Jacquet*, Bem. 323; *Staudinger/Firsching*, Vor Art. 12 Rz. 330.

C. Die „materiellen" Interessen des Kollisionsrechts

I. Die Interessen des Kollisionsrechts

Parteiautonomie rechtfertigt sich durch das Selbstbestimmungsinteresse der bzw. des Rechtswählenden, wenn dessen bzw. deren „materielle" Interessen höher wiegen als die Interessen sonstiger durch die Rechtswahl Betroffener. Betroffener kann dabei ein Dritter als auch eine an der Rechtswahl beteiligte Person sein. Aus der Vielfalt der kollisionsrechtlichen Interessen[44] interessiert hier folgendes. Einerseits spielen maßgeblich Gesichtspunkte eine Rolle, die vom Inhalt des Sachrechts völlig abstrahieren. Das Interesse einer jeden Person an der Anwendung seiner Heimatrechtsordnung, von Kegel Parteiinteresse genannt[45], läßt jede Verbindung zum Inhalt des Sachrechts vermissen. Stärker werden die Bezüge von Sach- und Kollisionsrecht durch das Verkehrsinteresse im Kegel'schen Sinne vermittelt, wenn man diesem ausschlaggebende Bedeutung zukommen läßt, weil bei den jeweiligen Rechtsgeschäften die Interessen des Rechtsverkehrs berührt werden[46]. Die Struktur der materiellrechtlichen Rechtsverhältnisse beeinflußt somit die kollisionsrechtliche Interessenlage. Am deutlichsten wird der Einfluß des Sachrechts schließlich, wenn die „materiell-privatrechtlichen Interessen"[47] einen Fall mit Auslandsberührung entscheiden.

Den sich abzeichnenden Verbindungen des Kollisions- und Sachrechts widmet Kegel in seiner Interessenanalyse allerdings keine Aufmerksamkeit, da die Interessenanalyse aus einer Perspektive beschrieben ist, nach der Fälle mit Auslandsberührung in zwei Stufen gelöst werden. Der Klärung der Frage nach der anzuwendenden Rechtsordnung als Problem der internationalprivatrechtlichen Gerechtigkeit folgt die Bewertung des Sachverhalts aus materiell-privatrechtlicher Sicht[48]. Das entscheidende Problem der Privatautonomie im Internationalen Privatrecht ist aber die Möglichkeit der Disposition über materiellrechtlich zwingend ausgestaltete Normen. Von daher ist ein Blickwinkel erforderlich, der Kollisions- und Sachrecht wieder vereint. Hierzu bietet sich der Gleichheitssatz an. Das IPR als staatliches Recht ist wie andere Gesetze dem Gleichheitssatz unterworfen[49]. Der staatliche Ge-

---

[44] Eine interessenmäßige Analyse des Kollisionsrechts hat *Kegel* (IPR § 2) vorgenommen, auf die hier Bezug genommen wird.
[45] *Kegel:* IPR § 2 II 1., S. 83.
[46] a.a.O., IPR § 2 II 2., S. 84 f.
[47] a.a.O., IPR § 2 III, S. 90 ff.
[48] a.a.O., IPR § 2 I, S. 81.
[49] Aus dem Gleichheitssatz hat *Egon Lorenz* (Struktur, S. 63 ff.) eine IPR-Konzeption entwickelt und *Wengler* (RGRK – *Wengler*, Bd. VI, 1. Teilband, S. 62 ff.) mehrere

setzgeber darf homogene und heterogene Sachverhalte[50], also solche ohne bzw. mit Auslandsberührung, nicht ohne Grund anders behandeln. Daher darf er nicht ohne Grund den Bereich der Privatautonomie im internationalen Bereich im Vergleich zu internen Fallgestaltungen erweitern.

II. Die Anerkennungszuständigkeit als Schlüssel zur Parteiautonomie

1. Anerkennungszuständigkeit als grundsätzliche Konkretisierung des Gleichheitssatzes

Auf den ersten Blick erscheint durch den Rückgriff auf den Gleichheitsgrundsatz nicht viel gewonnen, handelt es sich doch hierbei um ein stark ausfüllungsbedürftiges Prinzip. Versuche, aus ihm einzelne Anforderungen für das Kollisionsrecht abzuleiten, sind deshalb Anfechtungen ausgesetzt[51]. Es soll daher auch nichts in dieser Richtung unternommen werden. Dennoch läßt sich mit Hilfe des Gleichheitsgrundsatzes das Phänomen Parteiautonomie näher in den Griff bekommen. Auf die Frage, wann ein Abweichen vom internen Standard zulässig ist, enthält jede Rechtsordnung bereits eine Antwort.

Die Konkurrenz von Gerichten verschiedener staatlicher Provenienz im internationalen Bereich führt die Frage nach der Anerkennung ausländischer Entscheidungen mit sich, deren rechtlicher Bewertungsmaßstab von dem einheimischen zum Nachteil der durch die zwingende Ausgestaltung der lex fori geschützten Partei abweicht. Wird eine ausländische Gerichtsentscheidung ohne Rücksicht auf die ihr zugrundegelegte Kollisionsnorm anerkannt, ist das ausländische Gericht befugt, mit Wirkung auch für das einheimische Staatsgebiet seiner Entscheidung die Rechtsordnung zugrundezulegen, die das Kollisionsrecht beruft, das für das ausländische Gericht maßgeblich ist[52]. Für das IPR folgt aus der Zuweisung der internationalen Zuständigkeit an ein ausländisches Gericht, daß in den Augen des Gesetzgebers der am Sitz des ausländischen Gerichts geltenden Rechtsordnung grundsätzlich

---

Postulate für eine Kollisionsrechtsordnung abgeleitet. Diesen Ausführungen soll hier nicht nachgegangen werden.

[50] Diese Terminologie wird in Anlehnung an *Wengler* verwandt (RGRK – *Wengler*, a.a.O., S. 51 f.).

[51] *Kegel*, IPrax 1981, 185, 186.

[52] Aus diesem Umstand leitet *Wengler* die Existenz eines zweiten Kollisionsrechts ab, das neben die für den einheimischen Richter geltenden Rechtsanwendungsnormen tritt (RGRK – *Wengler*, Bd. VI, 1. Teilband, S. 395).

C. Die „materiellen" Interessen des Kollisionsrechts

der gleiche Geltungsanspruch zukommt wie der einheimischen Rechtsordnung. Denn das Kollisionsrecht soll verhindern, daß Rechtsverhältnisse je nachdem, ob in diesem oder jenem Staat geklagt wird, unterschiedlich entschieden werden, weil jedes Gericht die jeweilige lex fori anwendet[53]. Umgekehrt ergibt das Fehlen der internationalen Zuständigkeit eines ausländischen Gerichts, daß die an seinem Sitz geltende Rechtsordnung bei der Bestimmung des anwendbaren Rechts grundsätzlich ohne Berücksichtigung bleiben muß. Zu Staaten, deren Gerichtsurteile mangels Anerkennungsfähigkeit im Inland unbeachtet bleiben, braucht man sich nicht um einen Entscheidungseinklang zu bemühen[54].

Die Wahl einer Rechtsordnung muß daher grundsätzlich immer, aber auch nur dann zulässig sein, wenn der Rechtsstreit aufgrund der Regeln über die internationale Zuständigkeit vor ein Gericht hätte gebracht werden können, dessen Forumrecht die gewählte Rechtsordnung bildet. Hierbei ist insbesondere auf die Regeln über Gerichtsstandsvereinbarungen zu verweisen. Hätten die Parteien durch Vereinbarung den Gerichten des Staates, dessen Rechtsordnung gewählt wurde, die Kompetenz zur Beurteilung des Streitgegenstandes mit Wirkung für den Forumstaat zuweisen können, muß man grundsätzlich im Wege eines Erstrechtschlusses die Wahl dieser Rechtsordnung zulassen.

Die Übertragung der Wertung des Internationalen Zivilprozeßrechts erfolgt, wie mehrmals betont, grundsätzlich. Sie rechtfertigt sich durch die Parallelität der Aufgaben[55]. Die Regeln über die internationale Zuständigkeit bezwecken, den Rechtsstreit den nationalen Gerichten zuzuweisen, die dem Rechtsstreit am nächsten stehen.

Ziel des Kollisionsrechts ist es, die Rechtsordnung zu bestimmen, zu der das jeweilige Rechtsverhältnis die engsten Beziehungen hat. Beide Rechtsbereiche legen also Wert auf die räumliche Nähe des Sachverhalts[56]. Die Parallelität zwingt dazu, die Bewertung in beiden Rechtsbereichen nicht

---

[53] *Savigny*, S. 27; *Neuhaus:* Grundbegriffe, S. 49.

[54] Mit diesen Erwägungen steht nicht in Widerspruch, daß *Kegel* die Entscheidungsharmonie gegenüber dem Streben nach möglichst gerechter Ausbildung des eigenen IPR zurücktreten lassen will, weil das IPR eines einzelnen Staates keinen Entscheidungseinklang bewirken kann (*Kegel:* IPR § 2 II 3. a), S. 86). *Kegels* Ausführungen zielen auf eine tatsächliche Entscheidungsharmonie, während hier der Entscheidungseinklang als hinter dem IPR stehendes Ideal (siehe dazu Nachweise in Fn. 53) angesprochen ist.

[55] *Von Overbeck* spricht von einem gemeinsamen Ziel der Zuständigkeits- und Rechtsanwendungsnormen, nämlich der Verwirklichung der internationalprivatrechtlichen Gerechtigkeit, welche jedes Rechtsverhältnis dem Gericht bzw. dem Recht zuweisen will, mit dem es die engsten Beziehungen hat (*von Overbeck*, SchwJb. f. int. Recht, Bd. XXI (1964), 25 f.).

[56] *Neuhaus*, Rabels Z 20 (1955), 201, 251; *Batiffol*, Mélanges Kollewijn et Offerhaus, S. 55, 56.

grundlos differieren zu lassen. Sollte der Gleichlauf der internationalen Zuständigkeitsvorschriften und der Parteiautonomie in dem Sinne, daß alle, aber auch nur die Rechtsordnungen der Staaten gewählt werden können, deren Gerichte auch zur Streitentscheidung berufen sind, einmal gestört sein, ist genau zu überprüfen, inwieweit die Interessenlagen divergieren.

Allerdings ist bemerkt worden, daß die Bedeutung des Sachverhalts für die Zuständigkeits- und für die Rechtsanwendungsnorm unterschiedlich ist[57]. Aus dem Umstand, daß das Gericht zeitlich erst mit dem Prozeß in eine Beziehung zum Sachverhalt tritt, während das Gesetz bereits vor dem Prozeß maßgebend ist, folgert man, daß sich die Zuständigkeit nach den Verhältnissen bei Klageerhebung, insbesondere nach der Verteilung der Prozeßrollen zwischen Kläger und Beklagtem richten kann, während die Rechtsanwendung von dem Zeitpunkt des fraglichen Geschehens auszugehen habe. Dadurch würde erklärbar, daß im Internationalen Privatrecht kein Gegenstück zur Zuständigkeit des forum rei, zum Wahlrecht des Klägers zwischen mehreren an sich zuständigen Gerichten und zum Gerichtsstand der Widerklage zu finden sei, während das Prozeßrecht nur eine perpetuatio fori von Erhebung der Klage an kenne. Des weiteren bestünden Diskrepanzen in gegenständlicher Sicht. Das Gericht behandele den Sachverhalt unter dem Gesichtspunkt eines einzelnen Anspruchs, über den es in der Regel nur mit Wirkung für die Prozeßparteien entscheide. Das Gesetz dagegen biete für das gesamte Rechtsverhältnis, dem jene Ansprüche entspringen, eine umfassende und für alle Beteiligten gültige Regelung. Zudem sei bei Regelung der Zuständigkeit darauf zu achten, daß die Gerichte den Sachverhalt in seiner tatsächlichen Gegebenheit möglichst leicht und vor allem frei von Tatirrtümern feststellen könnten. Dagegen müsse für die Bestimmung des anzuwendenden Gesetzes ausschlaggebend sein, welches Gesetz dem Sachverhalt in seiner für die Bewertung wichtigen Umweltbedingtheit am besten gerecht werde. Da alle Gerichte zum selben Ergebnis strebten, nämlich zur wahrheitsgemäßen Ermittlung und richtigen gesetzlichen Einordnung des bestimmten Sachverhalts, könne das IZPR auch weniger streng sein als das IPR, das über den Konflikt von Gesetzen zu entscheiden habe, die bewußt unterschiedliche Rechtsfolgen festlegen. Deshalb könne im IZPR dem Kläger größerer Spielraum eingeräumt werden. Schließlich bestünden unter dem Aspekt der Kosten Unterschiede. Während bei der Zuständigkeitsbestimmung die Prozeßökonomie zu beachten sei, spiele Ökonomie bei der Rechtsanwendung keine Rolle.

Ausgangspunkt der Überlegungen zum Verhältnis von Kollisionsrecht und den Regeln über die internationale Zuständigkeit muß sein, daß die Anerkennungsregeln als „verkapptes zweites Kollisionsnormsystem"[58] wirken,

---

[57] Zum folgenden siehe *Neuhaus,* a.a.O., S. 253 ff. sowie *Kropholler:* Handbuch, Rz. 127.

C. Die „materiellen" Interessen des Kollisionsrechts

wenn sie das Überspielen inländischen zwingenden Rechts zulassen. Ein beziehungsloses Nebeneinander[59] von eigentlichem Kollisionsrecht und den Zuständigkeitsvorschriften ist, soweit die Parteiautonomie in Rede steht, daher nur gerechtfertigt, wenn die von der Literatur entwickelten Unterschiede in der Haltung beider Rechtsbereiche zum Sachverhalt, soweit sie überhaupt zutreffen, tatsächlich die prinzipielle Richtigkeit des Gedankens, daß Rechtswahl immer, aber auch nur dann zulässig ist, wenn ein Rechtsstreit auch vor die Gerichte des Staates gebracht werden kann, dessen Rechtsordnung gewählt wurde, in Zweifel ziehen.

Dem zeitlichen Faktor kann, soweit er auf nachträgliche Veränderungen der die Zuständigkeit bestimmenden Faktoren abstellt, dadurch Rechnung getragen werden, daß Rechtswahl sich auf die lex fori der Gerichte erstrecken kann, die im Zeitpunkt der Rechtswahl für einen Streit aus dem Rechtsverhältnis, für das ein Statut bestimmt wurde, zuständig gewesen wären. Auch trifft der Einwand, das Prozeßrecht schreibe die Verhältnisse nicht fest, bei einer Vielzahl von Zuständigkeitsvorschriften nicht zu. Die Erfüllungs-, die Tatortzuständigkeit bzw. die vereinbarte Zuständigkeit stehen mit Eintritt der zuständigkeitsbegründenden Tatsachen fest. Die Parteirolle wird innerhalb der Gleichlaufthese dadurch berücksichtigt, daß die Rechtfertigung der Rechtswahl bei den einzelnen Ansprüchen ansetzt. Soweit der Schuldner des jeweiligen Anspruchs Gerichten unterschiedlicher Nationalität unterworfen ist, kann theoretisch der Kläger oder können die Parteien die jeweilige lex fori wählen. Zwar besteht im letzteren Fall ein Unterschied zum Prozeßrecht, das dem Kläger die Auswahl des Gerichts überläßt. Dieser Unterschied vermag aber die Richtigkeit der hier entwickelten These, daß das Zuständigkeitsrecht den Kreis der wählbaren Rechtsordnung beschreibt, nicht in Zweifel zu ziehen.

Infolge des Abstellens auf den einzelnen Anspruch wird die gegenständliche Sicht des Prozeßrechts ins Kollisionsrecht übernommen. Dabei hat allerdings eine Korrektur zu erfolgen, wenn mit diesem Anspruch weitere Ansprüche so in Verbindung stehen, daß die Festlegung einer einheitlichen Rechtsordnung angezeigt ist[60], indem der Kreis der wählbaren Rechtsordnungen den Zuständigkeitsvorschriften für sämtliche Ansprüche zu entnehmen sind. Handelt es sich um in einem Gegenseitigkeitsverhältnis stehende Ansprüche und Gegenansprüche, ist es logisch zwingend, daß die Rechtswahl durch beide Parteien, nicht aber einen Gläubiger allein erfolgt. Aus dem

---

[58] *Martiny:* Handbuch, Rz. 135 m.w.N.

[59] Gegen eine völlige Selbständigkeit des Internationalen Verfahrensrechts gegenüber dem IPR haben sich *Wengler* (in RGRK, Bd. VI, 1. Teilband, S. 396) und *Neuhaus* (Rabels Z 45 (1981), 627, 643) ausgesprochen.

[60] Zur Frage, wie die Korrektur zu erfolgen hat, siehe auch 2. Abschnitt, A I 1. sowie das Schlußwort nach Fn. 6.

prozessualen Wahlrecht des jeweiligen Klägers ließe sich nur dessen einseitige Befugnis zur Bestimmung einer der Rechtsordnungen der Staaten ableiten, deren Gerichte für seinen Anspruch, nicht aber den Gegenanspruch zuständig sind. Die einseitige Bestimmung könnte auch nur für den eigenen Anspruch, nicht den Gegenanspruch erfolgen.

Anzumerken ist, daß das Zuständigkeitsrecht gerade in den hier bedeutendsten Fällen, nämlich denen der Zuständigkeitsvereinbarung, den Blick vom einzelnen Anspruch zum Rechtsverhältnis wendet. Daß ein Urteil nur die Prozeßparteien betrifft, läßt sich dadurch ins IPR übertragen, daß Rechtswahl nur in den Sachrechtsbereichen für zulässig erklärt wird, die lediglich Rechtsbeziehungen zwischen den Prozeßparteien regeln wollen[61].

Dem Argument, das IZPR könne weniger streng sein als das IPR, weil alle Gerichte zum selben Ergebnis streben, widerspricht der Umstand, daß bei Zugrundelegung der jeweiligen lex fori unterschiedliche Ergebnisse erreicht werden. Billigt man die Zugrundelegung der jeweiligen lex fori dadurch, daß die Anerkennung einer ausländischen Entscheidung nicht von dem angewandten Recht abhängig gemacht wird, muß auch das IPR weniger streng sein. Übrig bleiben von den Argumenten der Kostenfaktor sowie die Sachverhaltsnähe aus Beweiszwecken. Diese Argumente sprechen spezifische zuständigkeitsrechtliche Interessen an, die zu Ergebnissen führen können, die keine Parallelität zwischen kollisions- und zuständigkeitsrechtlicher Bewertung erlauben. Inwieweit diese Gesichtspunkte bei der Abfassung der Zuständigkeitsnormen eine Rolle spielen, muß der Analyse der einzelnen Zuständigkeitsvorschrift überlassen bleiben[62].

2. Der Gleichlauf von internationaler Zuständigkeit und anwendbarem Recht in der literarischen Diskussion

Die juristische Literatur erkennt an, daß Parallelen zwischen Zuständigkeitsnorm und Kollisionsnorm zu ziehen sind[63]. Die diskutierten Verbindungen differieren aber mehr oder weniger von dem hier behandelten Gleichlaufgedanken. Die allgemein unter dem Begriff Gleichlauf[64] abgehandelte Problematik, inwieweit die Zuständigkeit vom anwendbaren Recht abhängig ist, versucht in einer dem hier entwickelten Gedanken entgegengesetzten Richtung die Verbindung zwischen Kollisions- und Zuständigkeitsrecht aufzuzeigen. Die internationale Zuständigkeit ist nach der hier vertretenen Po-

---

[61] Zur Rechtswahl im internationalen Sachenrecht vgl. unter 2. Abschnitt, A III.

[62] Vgl. hierzu die Rechtsprechung des EuGH zum zwingenden Anwendungsbereich des Art. 16 Nr. 1 GVÜ unter 2. Teil, 1. Abschnitt, A I 4.3 a) bei Fn. 63.

[63] Siehe *Kropholler*: Handbuch, Rz. 106 u. 122 ff.

[64] Hierzu *Kropholler*, a.a.O., Rz. 110 ff.

C. Die „materiellen" Interessen des Kollisionsrechts

sition nicht zu bejahen, wenn einheimisches Recht Anwendung findet, sondern die Wahl der Rechtsordnung eines Staates ist erlaubt, wenn dessen Gerichte auch international zuständig sind.

Überschneidungen bestehen dagegen mit der „umgekehrten Gleichlaufthese"[65]. Diese beziehen sich allerdings nicht auf den im kontinentaleuropäischen Bereich abgelehnten Hauptgedanken der These, nach dem das anwendbare Recht von der Zuständigkeit abhängt, nach dem also die lex fori immer angewandt wird[66]. Gemeinsamkeiten bestehen aber, wenn die lex fori angewandt wird, weil die Zuständigkeit des Forums eine ausschließliche ist und das Anknüpfungsmoment auch für die Kollisionsnorm angemessen ist. In diesem Fall befürwortet auch die dem „umgekehrten Gleichlaufgedanken" ablehnend gegenüber stehende Literatur die Anwendung der lex fori[67]. Ist die Zuständigkeit des Forums ausschließlich, ist nach dem hier entwickelten Gedanken die Wahl einer anderen Rechtsordnung als die des Forumstaates nicht erlaubt. Gerichte anderer Staaten sind nicht zuständig.

Schließlich wird noch die „Parallelität" von forum und lex diskutiert. Im Unterschied zu den obigen Gleichlaufmodellen folgt hier nicht unmittelbar die Zuständigkeit dem anzuwendenden Recht bzw. umgekehrt das anzuwendende Recht der Zuständigkeit. Zuständigkeit und Recht werden vielmehr vom gleichen Bezugspunkt abhängig gemacht[68]. Eine solche strenge Parallelität anzunehmen, soll aber bereits der Umstand verbieten, daß das Prozeßrecht zumeist mehrere Gerichtsstände zur Verfügung stellt, während meist nur eine einzige Rechtsordnung als die dem Sachverhalt nächste für maßgebend erklärt wird[69]. Dieses Argument trifft aber nicht zu, wenn man den Parteien das Recht gewährt, zwischen sämtlichen Rechtsordnungen der Staaten, deren Gerichte als Forum des Rechtsstreits in Betracht zu ziehen sind, auszuwählen. Dann wird die Nähe des Sachverhalts zu den kollidierenden Rechtsordnungen und staatlichen Gerichten gleich bewertet. Batiffol hat allerdings auf den Umstand aufmerksam gemacht, daß im Prozeßrecht dem Kläger die Wahl überlassen bleibt, während im Internationalen Vertragsrecht beide Vertragspartner zustimmen müssen[70]. Soweit die Kompetenz des angerufenen Gerichts auf einer Gerichtsstandsvereinbarung beruht, ist dies nicht zutreffend. Aber auch in den sonstigen Fällen spricht die Tatsache, daß die Rechtswahl nicht durch einseitige Bestimmung, sondern zweiseitige Vereinbarung erfolgt, nicht gegen eine Übertragung prozessualer Wertungen in das Kollisionsrecht[71].

---

[65] Hierzu *Kropholler*, a.a.O., Rz. 108 f.
[66] Nachweise zur Ablehnung dieses Gedankens im kontinentaleuropäischen Raum finden sich bei *Kropholler*, a.a.O., Fn. 238.
[67] *Kropholler*, a.a.O., Rz. 108.
[68] *Heldrich*: Internationale Zuständigkeit, S. 62.
[69] *Heldrich*, a.a.O., S. 63; *Kropholler*: Handbuch, Rz. 125.
[70] *Batiffol*, Mélanges Kollewijn et Offerhaus, S. 55, 65
[71] Siehe S. 35.

Zweiter Abschnitt

Die Folgerungen für die Parteiautonomie

A. Die Zulässigkeit der Rechtswahl

I. Parteiautonomie und Vertragsstatut

1. Die grundsätzliche Rechtswahlfreiheit

Die Übertragung der gegenständlichen Betrachtungsweise des Sachverhalts durch das Zuständigkeitsrecht in das Kollisionsrecht bereitet im Bereich des Vertragsstatuts keine Probleme. Soweit über eine Gerichtsstandsvereinbarung das gesamte Rechtsverhältnis einem einzigen Richter zugewiesen werden kann, liegt schon prozessual kein anspruchsbezogenes Denken vor. Im übrigen verschafft die synallagmatische oder möglicherweise auch die konnexe Verbindung der aus dem Vertrag resultierenden Pflichten den gedanklichen Sprung zum Rechtsverhältnis, in dem die Befugnis zur Rechtswahl sich auf Rechtsordnungen der Staaten erstreckt, deren Gerichte für einen der synallagmatischen bzw. konnexen Ansprüche zuständig sind. Einzelheiten zur Übertragung der Aussagen des Zuständigkeitsrechts in das Kollisionsrecht müssen der Darlegung der Rechtspraxis vorbehalten bleiben[1]. Dritte sind an vertraglichen Beziehungen nur dann beteiligt, wenn sie ihre Rechtsposition von einem Vertragspartner ableiten. Dann bestehen keine Bedenken, sie an die Rechtswahl zu binden.

2. Schranken der Rechtswahl

2.1. Der ordre public

Schranken erwachsen der Parteiautonomie durch den ordre public, der sein Pendant im prozessualen ordre public findet[2]. Über den ordre public läßt sich zumindest solches ausländisches Recht zurückweisen, das zu den

---

[1] Siehe 2. Teil, 1. Abschnitt, A I 1. und 2. sowie II 1. und 2.
[2] Zum deutschen Recht siehe § 328 Abs. 1 Nr. 4 ZPO und Art. 27 Abs. 1 GVÜ; zum autonomen französichen Recht *Battifol/Lagarde* II, Bem 727.

Grundgedanken der einheimischen Regelung und der in ihnen liegenden Gerechtigkeitsvorstellung in so starkem Widerspruch steht, daß es von uns für untragbar gehalten wird[3]. Durch den negativen Aspekt des ordre public wird im Bereich des klassischen Privatrechts[4] dem Interesse des Forumstaates an Einhaltung seines zwingenden Sachrechts genügend entsprochen. Ausländisches Recht ist insbesondere zurückzuweisen, wenn es mit dem Prinzip der ausgleichenden Gerechtigkeit, einer der Arten der Gerechtigkeit[5], unvereinbar ist. Daher wird der ordre public eher eingreifen, wenn die zwingende Sachrechtsnorm unmittelbar auf Wahrung der materiellen Vertragsgerechtigkeit[6], also eine Äquivalenz von Leistung und Gegenleistung abzielt. Versucht das Sachrecht dagegen die Äquivalenz nur mittelbar durch Einhaltung von Vorschriften zu sichern, die der formellen Vertragsgerechtigkeit[6], wie es insbesondere bei den Formvorschriften der Fall ist, dienen, ohne die Äquivalenz von Leistung und Gegenleistung zu prüfen, besteht weniger Anlaß, dem einheimischen Sachrecht zwingende Geltung zu verschaffen.

Der Geltungsanspruch der eigenen Gerechtigkeitsvorstellung ist relativ[7]. Je stärker die Inlandsbeziehung ist, desto eher besteht Anlaß, ausländisches Recht zurückzuweisen[8]. Ins Kalkül dürfte bei der Festlegung der Inlandsbeziehung zu ziehen sein, mit welcher Sicherheit die Parteien bei Abschluß des Vertrages davon ausgehen mußten, daß der Rechtsstreit vor den Gerichten des Forumstaates ausgetragen wird. Materielle Gerechtigkeit und Vertrauensschutz sind abzuwägen.

2.2. Eingrenzung der wählbaren Rechtsordnungen, erforderliche Auslandsberührung

a) Die literarischen Erörterungen

Das Schwergewicht der Erwägungen, die auf eine Beschränkung der Rechtswahl zielen, wird auf die Abgrenzung des einer bestimmten Rechts-

---

[3] BGHZ 50, 370, 375 f.; *Kegel:* IPR, § 16 IV 2. a), S. 327 sowie § 16 V, S. 329 zum neuen Recht (Art. 6 EGBGB); für Frankreich vgl. die zusammenfassende Darstellung der Analyse der französischen Rechtsprechung zum ordre public durch *Lerebours-Pigeonnière* bzw. *Batiffol* bei *Loussouarn/Bourel* (Bem. 254). Danach ist eine der beiden Funktionen des ordre public, die Einhaltung der den zivilisierten Nationen gemeinsamen Prinzipien und der Prinzipien des Naturrechts zu sichern (a.a.O., S. 348).

[4] Zu den sozial motivierten Bereichen des Vertragsrechts siehe unter 2.4.

[5] Zu den Arten der Gerechtigkeit vgl. *Kaufmann*, S. 33 ff., 35.

[6] Zur Differenzierung zwischen formeller und materieller Vertragsgerechtigkeit siehe *von Mehren*, S. 64 ff.

[7] *Kegel:* IPR, § 16 VI 2., S. 330.

[8] a.a.O.

ordnung zwingend[9] unterstellten Inlandsfalls von heterogenen Fallgestaltungen gelegt, in denen die Vertragspartner das Recht zur Auswahl der maßgeblichen Rechtsordnung haben. Insoweit wird diskutiert, ob immer dann ein internationaler Vertrag anzunehmen ist, wenn in Anbetracht seines Abschlusses, seiner Erfüllung, der Staatsangehörigkeit oder des Wohnsitzes der Vertragspartner bzw. der Lokalisierung des Vertragsgegenstandes Verbindungen zu mehr als einer Rechtsordnung bestehen[10]. Dabei ist am heftigsten umstritten, ob das Merkmal der ausländischen Staatsangehörigkeit eines oder beider Vertragspartner zur Bejahung der Internationalität genügt. Während dies teilweise abgelehnt wird[11], schlagen andere Autoren vor, die Differenzierung zwischen nationalen und internationalen Verträgen als graduelle anzusehen und folglich der ausländischen Staatsangehörigkeit nicht an sich ausschlaggebende Bedeutung beizumessen[12]. Auch die Berücksichtigung des Abschlußortes ist umstritten[13].

Die Eingrenzung des Kreises der wählbaren Rechtsordnungen ist, falls ein internationaler Vertrag im vorbezeichneten Sinne vorliegt, ebenfalls strittig, die h. M. tendiert aber dahin, der Rechtswahlbefugnis keine weiteren Schranken aufzuerlegen, wenn die Auslandsberührung vorliegt[14]. Andere verlangen ein anerkennenswertes Interesse an der getätigten Rechtswahl[15], ohne zu klären, was darunter zu verstehen ist. Verlangt man einen räumlichen Bezug des Sachverhalts zur gewählten Rechtsordnung[16], bereitet die Rechtfertigung der Wahl einer neutralen Rechtsordnung Schwierigkeiten.

---

[9] Neuerdings hat sich *Egon Lorenz* dafür ausgesprochen, Rechtswahl auch bei reinen Inlandsfällen zuzulassen (*Egon Lorenz*, RIW 1987, 569, 574 f). Zu diesem Vorschlag vgl. bereits 1. Abschnitt, A III. Im übrigen herrscht bei den deutschen (siehe Mün.Kom-*Martiny*, Vor Art. 12 Rz. 12 m.w.N.) und französischen (siehe *Batiffol/Lagarde*, Bem. 575) Autoren die Ansicht vor, daß nur im internationalen Vertrag es gestattet, sich über die zwingenden Vorschriften der lex fori hinwegzusetzen.

[10] Dies bejahen *Martiny* in Mün.Kom. (Vor Art. 12 Rz. 12), *Sandrock/Steinschulte* (A Rz. 113), *Jacquet* (Bem. 384) und *Loussouarn/Bredin* (Bem. 511).

[11] *Simitis*, JuS 66, 209, 211; *Pierre Mayer*, Bem. 679.

[12] *Batiffol*, Rec. des cours, Bd. 139 (1973 II), S. 75, 108.

[13] Außer acht lassen will ihn *Pierre Mayer*, Bem. 679; offenbar auch *Simitis* (JuS 1966, 209, 211), der verlangt, daß das Vertragsverhältnis Wertbewegungen auslöse, die den Bereich einer Rechtsordnung überschreiten.

[14] Siehe *Neuhaus*: Grundbegriffe, S. 258 f.; *Simitis*, JuS 1966, 209, 212; *Staudinger/Firsching*, Vor Art. 12 Rz. 336; *Loussouarn/Bourel*, Bem. 375; *Pierre Mayer*, Bem. 679; *Jacquet*, Bem. 354.

[15] *Kegel*: IPR, § 18 I 1. c) S. 421 und zwar auch für das reformierte IPR; *Batiffol/Lagarde*, Bem. 574.

[16] So noch *Haudek*, S. 35.

b) Die integrative Behandlung beider Fragen

Sucht man die Grenzen der Parteiautonomie zu bestimmen, sind die „materiellen" Interessenkonstellationen aufzuzeigen, bei deren Vorliegen autonomes Handeln ausgeschlossen ist[17]. Die einleitende Frage muß daher lauten: Dürfen die Parteien die von ihnen gewählte Rechtsordnung zum Vertragsstatut bestimmen? Diese Fragestellung findet man in der Literatur kaum. Statt dessen wird die Problematik der Schrankenziehung in zwei Aspekte aufgeteilt. Hat der Vertrag den erforderlichen internationalen Charakter, wird die Rechtswahl für zulässig erklärt. Von diesem Standpunkt aus wird dann geprüft, inwieweit die grundsätzlich zulässige Rechtswahlbefugnis einzugrenzen ist. Lediglich Batiffol, der auch als einziger mit seiner Lokalisierungstheorie sich um eine Integration der Parteiautonomie in das Kollisionsrechtsgefüge bemüht hat, versucht die Probleme der Schrankenziehung aus einer Sicht in den Griff zu bekommen, bei der er vom Ergebnis der Rechtswahl aus argumentiert. An den Anfang seiner Überlegung stellt er die objektive Lokalisierung des Vertrages. Von diesem Standpunkt aus soll die Frage nach der erforderlichen Auslandsberührung des Sachverhaltes beantwortet werden: „la réserve nécessaire du contrat purement interne oblige le juge à examiner la localisation objective du contrat . . . Dès lors, la continuité du réel oblige: le juge ayant dû vérifier la localisation du contrat pour s'assurer qu'il n'était pas purement interne, devra constater qu'il a des liens objectivs avec tels et tels Etats. Comment admettrait – il alors que les parties choisissent la loi d'un Etat avec lequel leur opération n'a aucun lien?"[18] Die objektiven Verbindungen zu den verschiedenen Staaten begrenzen daher zugleich den Kreis der wählbaren Rechtsordnungen. Die objektive Lokalisierung beinhaltet also die Möglichkeiten zwischen denen die Parteien bei objektiver Interessenbewertung auswählen können.

Nach der hier vertretenen Gleichlaufthese liefert das Zuständigkeitsrecht die Bandbreite der wählbaren Rechtsordnungen. Die Wahl ist grundsätzlich auf die Rechtsordnungen der Staaten beschränkt, deren Gerichte für die Beurteilung des geltend gemachten Anspruchs oder damit zusammenhängender Ansprüche zuständig sind. Eine Ausnahme ist für den Fall zu machen, daß das Zuständigkeitsrecht auf spezifische Zuständigkeitserwägungen zurückzuführen ist.

---

[17] Zu diesem gedanklichen Ansatz siehe 1. Abschnitt, B I.
[18] *Batiffol,* Arch. philo. du droit, 1957, 71, 79.

2.3. Geschäftsfähigkeit

Anders als die übrigen materiellrechtlichen Vorschriften beeinflußt die Geschäftsfähigkeit auch die Zuständigkeit der Gerichte. Eine Gerichtsstandsvereinbarung setzt Geschäftsfähigkeit voraus, so daß die Befugnis einer Privatperson, die Geltung einer ausländischen Regelung, die sie für geschäftsfähig erklärt, zu vereinbaren, nicht aus den Vorschriften über die Gerichtsstandsvereinbarungen abgeleitet werden kann.

Die Regeln über die Geschäftsfähigkeit müssen daher einem Sonderstatut unterliegen, weshalb aber nicht jede Rechtswahl zwangsläufig auszuschließen ist. Gegen die Wahl einer Rechtsordnung, die das Rechtsgeschäft für gültig erklärt, bestehen keine Bedenken, wenn der Verpflichtete den Gerichten des Staates, dessen Rechtsordnung gewählt wurde, unterworfen ist, ohne daß hierzu auf Seiten des Verpflichteten ein ad-hoc gebildeter Wille erforderlich ist. Im übrigen muß es zulässig sein, daß mittels Rechtswahl die Anforderungen an die Geschäftsfähigkeit verschärft werden.

2.4. Zwingendes Recht und Rechtswahl

Erhebt man die Rechtswahl bei internationalen Fällen zum Anknüpfungsfaktor, erlangen die Parteien die Befugnis, über zwingendes materielles Recht zu disponieren. Autonomes Handeln wird im materiellen Recht aber durch eine Vielzahl von Normen begrenzt, bei denen es zweifelhaft ist, ob ihnen nicht auch im internationalen Bereich zwingende Geltung zukommt. Dies sind einerseits Vorschriften wie die des Kartell- und Devisenrechts, denen unzweifelhaft ein öffentlich-rechtlicher Charakter zukommt, aber auch die sozialmotivierten Normen des Sonderprivatrechts. Dagegen wird eine Erweiterung der Privatautonomie im heterogenen Bereich nicht in Frage gestellt, soweit mit ihr klassische Privatrechtsnormen, auch wenn sie wie die Formvorschriften zwingend ausgestaltet sind, außer Kraft gesetzt werden[19].

Zahlreiche Autoren haben sich deshalb um eine Eingrenzung der Parteiautonomie bemüht. Drei Richtungen lassen sich dabei unterscheiden. Die einen gehen bewußt von einer Erweiterung der Privatautonomie im internationalen Bereich aus, die ihre Grenzen aber in den Normen finden soll, mit denen der Staat in die vertraglichen Rechtsbeziehungen eingreift[20]. Andere suchen die Grenzen des herkömmlichen kollisionsrechtlichen Ansatzes zu bestimmen, nach dem der Anwendungsbereich eines Gesetzes davon ab-

---

[19] Vgl. *Staudinger/Firsching*, Vor Art. 12 Rz. 312, 365.
[20] *Neumayer*, Rev. Crit. 1958, 53 f.; *Egon Lorenz* (RIW 1987, 569, 572) spricht von einer Kontrolle des materiellen Vertragsinhalts durch Eingriffsnormen.

hängt, ob ein Rechtsverhältnis einer bestimmten Rechtsordnung über eine Kollisionsnorm zuzuordnen ist[21]. Zeigt man, daß dieser Ansatz in bestimmten Fällen nicht paßt, weil einzelne Normen selbst ihren Anwendungsbereich bestimmen, ist der Rechtswahl als Anknüpfungsfaktor eines Rechtsverhältnisses der Boden entzogen[22]. Die dritte Gruppe schließlich bemüht sich um eine Bewältigung der mit dem sozialmotivierten Sonderprivatrecht zusammenhängenden Probleme durch eine zwingende Ausgestaltung allseitiger Kollisionsnormen herkömmlichen Typs im internationalen Arbeits-, Miet- und Verbraucherrecht.

a) Rechtswahl, öffentliches Recht und Eingriffsnormen

Überwiegend werden den Eingriffsnormen allein die öffentlichrechtlichen Vorschriften zugeordnet[23]. Die Begrenzung der international-privatrechtlichen Privatautonomie durch öffentliches Recht kann im Rahmen dieser Darstellung aber unberücksichtigt bleiben[24]. Bereits begrifflich betrachtet kann die dem internationalen öffentlichen Recht zuzuordnende Problematik des Anwendungsbereichs öffentlich-rechtlichen Normen keine Rolle spielen bei einer Analyse des dem Anknüpfungsfaktors Rechtswahl innerhalb des internationalen Privatrechts zukommenden Wertes. Nichts anderes zeigt die Interessenstrukturation. Zeichnet sich öffentliches Recht dadurch aus, daß staatliche Interessen mit ihm verfolgt werden, reduziert sich die Bedeutung des Kollisionsrechts hier auf die Frage, inwieweit inländische und ausländische staatliche Interessen innerhalb eines vertraglichen Rechtsverhältnisses Beachtung finden müssen. Hier wird dagegen untersucht, inwieweit Privatrechtssubjekte auf die Bewertung ihrer kollisionsrechtlichen Interessen oder die anderer Privatpersonen Einfluß nehmen können[25].

Allerdings wird die Möglichkeit, zwischen öffentlichrechtlichen und privatrechtlichen Normen zu differenzieren, angezweifelt[26]. Dem hierzu verwandten Kriterium, nach dem alle zwingenden Normen, die einen gerechten Interessenausgleich zwischen den Vertragspartnern erstreben, dem Privatrecht zuzuordnen sind, von einer öffentlich-rechtlichen Norm aber

---

[21] Einen Überblick zu den heute vertretenen Ansichten zur Fragestellung des IPR gibt *Neuhaus:* Grundbegriffe, S. 29 ff.

[22] So *Jacquet,* Bem. 405.

[23] *Radtke,* ZVglRWiss 84 (1985), 324, 328 m.w.N. in Fn. 8; *Schubert,* RIW 1987, 729, 731 m.w.N. in Fn. 29 und 30.

[24] Siehe hierzu zuletzt *Radtke,* a.a.O., S. 324 ff. und *Schubert,* RIW 1987, 729 ff.

[25] Zum strukturellen Interessenunterschied zwischen dem internationalen Privatrecht und öffentlichen Recht siehe auch *Kegel:* IPR, § 2 IV, S. 92.

[26] *v. Hoffmann,* Rabels Z 38 (1974), 396, 408 f.; *Egon Lorenz,* RIW 1987, 569, 579.

nur dann zu sprechen, wenn sie einen außerhalb des Schuldverhältnisses liegenden Zweck verfolgt[27], wird entgegengehalten, daß das eine das andere nicht ausschließe[28]. Folglich werden auch Mieterschutzvorschriften den Eingriffsnormen zugerechnet[29]. Kennzeichen der Eingriffsnormen soll deshalb ihre Ausstattung mit einem besonderen kollisionsrechtlichen Eingriffsbefehl durch den Erlaßstaat sein[30]. Damit ist aber nichts gewonnen. Der kollisionsrechtliche Befehl, in ein privatrechtliches Verhältnis einzugreifen, wird nur erteilt, wenn ein staatliches Interesse hierzu vorliegt. Soweit kein ausdrücklicher Befehl vorhanden ist, bleibt die Definition des staatlichen Interesses nicht erspart. Dieses wird schon richtig beschrieben, wenn man zwischen den Normzwecken im vorbeschriebenen Sinne differenziert. Daß der eine Zweck den anderen ausschließt wird deutlich, wenn man auf die formale Kehrseite dieses materiellen Gesichtspunktes abstellt. Können Privatrechtssubjekte nur über ihre eigenen Interessen bestimmen, liegt eine privatrechtliche Norm vor, wenn der Normberechtigte durch ihre Nichtgeltendmachung über sie disponieren kann. Obliegt die Durchsetzung der Norm dagegen einer Behörde, handelt es sich um eine öffentlich-rechtliche Vorschrift[31].

b) Lois d'application immédiate, lois de police

Die Versuche, der Rechtswahl durch Eingrenzung des herkömmlichen kollisionsrechtlichen Ansatzes Schranken zu ziehen, setzen bei der Aussagekraft einer Norm über ihren eigenen räumlichen Geltungsbereich an. Während insbesondere die klassischen Privatrechtsnormen in bezug auf ihre räumliche Erstreckung indifferent sein sollen, bestimmten andere ihren Anwendungsbereich selbst. Man spricht von autolimitierten Sachnormen oder lois d'application immédiate[32].

Diese kollisionsrechtliche Besonderheit wird teilweise durch eine Klassifizierung der Normen im Hinblick auf ihren materiellrechtlichen Charakter unterstrichen. Autolimitierte Sachnormen werden zugleich als „lois de police" bezeichnet, da sie der Aufrechterhaltung der politischen, sozialen

---

[27] Siehe Hinweise in Fn. 23.
[28] Nachweise in Fn. 26.
[29] *Egon Lorenz*, IPrax 1987, 569, 580.
[30] a.a.O., S. 578 f.
[31] So auch *Gamillscheg*, Rec. des cours, 180 (1983 III), 287, 295 f., 329.
[32] Eine Übersicht über die Theorie der lois d'application immédiate gibt *Schurig*, S. 37 ff. und 317 f. Vgl. zum Sprachgebrauch auch *Schwander*, S. 249 f.

und wirtschaftlichen Ordnung dienen sollen[33]. Dadurch entstehen Berührungspunkte zu den Eingriffsnormen.

Das Institut der lois d'application immédiate ist sowohl in seiner rechtstheoretischen als auch rechtspraktischen Bedeutung umstritten. Rechtstheoretisch ist zumindest zweifelhaft, ob einzelnen Normen selbst der Anwendungsbereich entnommen werden kann, oder es sich bei den entsprechenden Versuchen nicht wie auch sonst rein um die Bewertung kollisionsrechtlicher Interessen handelt und das Ergebnis des Bewertungsvorganges nicht einer allseitigen Kollisionsnorm zugänglich gemacht werden kann[34]. Umstritten ist auch, ob sozialmotiviertes Sonderprivatrecht von diesem Institut erfaßt wird[35]. Da dem öffentlichen Recht hier keine Beachtung geschenkt wird[36], soll allein der Überlegung nachgegangen werden, ob das Institut der lois d'application immédiate in der Lage ist, ein widerspruchsfreies Bild von der Geltung des sozialmotivierten Sonderprivatrechts zu zeichnen. Maßstab hierfür soll das Anerkennungsrecht sein.

Soweit der Anwendungsbereich einer einheimischen Sachnorm entnommen wird, kann ihre gesonderte Berücksichtigung im Kollisionsrecht ihr Pendant im Anerkennungsrecht in der Vorschrift finden, nach der einer ausländischen Entscheidung die Anerkennung zu versagen ist, wenn sie gegen den ordre public des Anerkennungsstaates verstößt[37]. Divergenzen zwischen Anerkenungs- und Kollisionsrecht tun sich aber auf jeden Fall auf, wenn man auch ausländisches Sonderprivatrecht im Kollisionsrecht wegen des angeblichen eigenen örtlichen Geltungswillen besonders berücksichtigt, obwohl eine andere Rechtsordnung das Schuldstatut bildet[38]. Ein dritt-

---

[33] *Batiffol/Largarde* I, Bem. 251 und II, Bem. 576; *Jacquet*, Bem. 408 f. m.w.N. in Fn. 1, 2 und 7; vgl. auch Neuhaus: Grundbegriffe, S. 32 f.; *Staudinger/Firsching*, Vor Art. 12 Rz. 381 f. Zu den früher im französischen Rechtskreis verwandten Begriffen „lois de police et de sûreté" sowie „lois d'ordre public" siehe *Francescakis*, Bem. 96 ff.

[34] So *Kegel*, GS Ehrenzweig, S. 51, 74 f. und 77 f.; *Schurig*, S. 319 ff.

[35] Bejahend: *v. Hoffmann*, Rabels Z 38 (1974), 396, 408 f.; *Jacquet*, Bem. 409; *Batiffol/Lagarde* II, Bem. 576; ablehnend: *Soergel/Kegel*, Art. 30 Rz. 14 Fn. 3; *Neuhaus:* Grundbegriffe, S. 37; Mün.Kom.-*Sonnenberger*, IPR-Einleitung Rz. 35 zu Fn. 80.

[36] Siehe oben a).

[37] Während *Geimer* über den ordre public-Vorbehalt im Anerkennungsrecht auch international zwingendes Recht des Anerkennungsstaates durchsetzen möchte (*Geimer:* IZPR, Rz. 26; siehe auch Nachweise bei *Martiny:* Handbuch, Rz. 1006 f), soll nach *Martiny* einem ausländischen Urteil die Anerkennung nur versagt werden, wenn es mit den Grundprinzipien des deutschen Rechts unvereinbar ist. Daher müsse die ausländische Entscheidung die deutschen zwingenden Normen nicht respektieren (*Martiny*, a.a.O., Rz. 1009).

[38] Ausdrücklich für eine Sonderanknüpfung ausländischen Sonderprivatrechts haben sich ausgesprochen *v. Hoffmann*, Rabels Z 38 (1974), 396, 410 ff. und *Batiffol/Lagarde* II, Bem. 576.

staatlicher ordre public wird nämlich im Anerkennungsrecht nicht beachtet[39]. Wengler, der maßgeblich die Lehre von der Sonderanknüpfung ausländischen Rechts mit eigenem örtlichen Geltungswillen entwickelte[40], weist auf diese Diskrepanz hin, wobei er durchblicken läßt, daß dafür kein Rechtfertigungsgrund ersichtlich ist[41].

c) Zwingende Ausgestaltung allseitiger Kollisionsnormen

Neben diesen Versuchen, dem Problem der räumlichen Anwendung des Sonderprivatrechts außerhalb allseitiger Kollisionsnormen Herr zu werden, wird nunmehr verstärkt eine sachgerechte Lösung innerhalb des klassischen Kollisionsrechts gesucht. Vom Sonderprivatrecht der Rechtsordnung, die bei fehlender Rechtswahl anzuwenden wäre, soll nicht zum Nachteil desjenigen abgewichen werden dürfen, der durch das Sonderprivatrecht geschützt wird[42].

Eine Übereinstimmung zum Anerkennungsrecht wird dabei hergestellt, wenn man die Fälle, in denen allseitige Kollisionsnormen zwingend auszugestalten sind, dem Zuständigkeitsrecht entnimmt. Das Zuständigkeitsrecht kann die ausschließliche und zwingende Kompetenz für Streitigkeiten aus dem Vertrag den Gerichten eines einzigen Staates zuweisen. Erfolgt dies aus Gründen, die auch zur Lokalisierung des Vertrages herangeführt werden können, ist die Abweichung von der Rechtsordnung dieses Staates zum Nachteil des sozial schwächeren Parts ausgeschlossen. Nichts anderes kann gelten, wenn der sozial Schwächere allein vor den Gerichten eines bestimmten Staates verklagt werden kann, in dem gleichzeitig ein Gerichtsstand für Klagen gegen den Vertragspartner eröffnet ist, und von diesen Zuständigkeitsregelungen durch Vereinbarungen nicht abgewichen werden kann. Auch in diesen Fällen läßt sich dem Prozeßrecht entnehmen, daß der Vertrag zwingend in jenem Staat zu lokalisieren ist, soweit die Rechtswahl nicht die Position des sozial Schwächeren verbessert. Wird das Abbedingen einer sowohl für den vertraglichen Anspruch als auch Gegenanspruch gegebenen Zuständigkeit eines bestimmten Gerichts auch dann für unzulässig erklärt, wenn der sozial schwächere Partner in einem anderen Staat seinen allgemeinen Gerichtsstand hat, folgt aus der Gleichlaufthese, daß die Rechtsordnung am Sitz des zwingend zuständigen Gerichts anzuwenden ist,

---

[39] *Martiny:* Handbuch, Rz. 986 f.
[40] *Wengler,* ZVglRWiss 54 (1941), 168, 181 ff.
[41] *Wengler,* Rabels Z 47 (1983), 215, 259.
[42] *Kropholler,* Rabels Z 42 (1978), 634, 648 ff. 655 ff.; *Jacquet,* Bem. 448 ff., 452; siehe auch Artt. 29 und 30 EGBGB sowie Artt. 5 und 6 des Übereinkommens über das auf vertragliche Schuldverhältnisse anzuwendende Recht.

A. Die Zulässigkeit der Rechtswahl

es sei denn, man wollte die Rechtswahl zwischen der Rechtsordnung des Staates, in dem sich der allgemeine Gerichtsstand der sozial schwächeren Partei befindet, und der Rechtsordnung des Staates, in dem das zwingend zuständige Gericht liegt, zulassen.

Das Zuständigkeitsrecht erfaßt den erhobenen Anspruch allerdings sowohl in seiner klassisch- als auch in seiner sonderprivatrechtlichen Seite. Das prozeßrechtsimmanente Denken in Prozeßverhältnissen findet sich insoweit im Kollisionsrecht nicht unbedingt wieder. Wird im Kollisionsrecht nicht das Vertragsverhältnis mit dem sozial schwächeren Partner angeknüpft, sondern werden einerseits die klassischen Normen des Privatrechts, anderseits die des Sonderprivatrechts unter verschiedene Kollisionsnormen gruppiert, erfahren nur die Sonderprivatrechtsnormen einen zwingenden Anwendungsbereich. Die Kollisionsnormen der klassischen Privatrechtsnormen, die undifferenziert Verträge mit sozial schwächeren und gleichstarken Partnern erfaßt, bleibt dagegen disponibel. Im praktischen Leben fällt diese Abweichung zwischen Kollisions- und Zuständigkeitsrecht vielleicht nicht auf. Selten dürfte in einem Rechtsstreit mit Beteiligung einer sozial schwächeren Partei sowohl die Geltung zwingender Normen des Sonderprivatrechts als auch des klassischen Privatrechts angesprochen werden. Die Feststellung, daß es sich insoweit um eine Abweichung vom hier entwickelten Gleichlaufgrundsatz handelt, ist aber von theoretischer Bedeutung. Erkennbar wird, daß nicht die Anknüpfung des sozialmotivierten Sonderprivatrechts die Ausnahme von der Regelanknüpfung ist, sondern daß die Zulässigkeit der Rechtswahl für die klassischen Privatrechtsnormen, soweit Vertragsverhältnisse mit sozial Schwächeren in Rede stehen, die Sonderanknüpfung darstellt. Dadurch verdeutlicht sich, daß das Problem des Sonderprivatrechts durch die zwingende Ausformung allseitiger Kollisionsnormen nicht nur rechtstechnisch, sondern auch in wertungsmäßiger Hinsicht in den herkömmlichen Bahnen des Kollisionsrechts gelöst wird. Entscheidend ist die Bewertung der räumlichen Nähe des Rechtsverhältnisses, nicht aber eine besondere Qualität der anzuknüpfenden Normen. Die Einschränkung der Rechtswahlbefugnis im Vergleich zu sonstigen Vertragsverhältnissen erklärt sich durch das Machtungleichgewicht zwischen den Vertragspartnern, das im Sachrecht zu dessen zwingender Ausgestaltung führt und das vor Vereinbarungen über das anzuwendende Recht nicht halt macht. Die zwingende Ausgestaltung allseitiger Kollisionsnormen ist daher das vorzugswürdigere Modell im internationalen sozialmotivierten Privatrecht.

II. Parteiautonomie und Deliktsstatut

1. Erstreckung der Rechtswahl auf deliktische Ansprüche nach der Gleichlaufthese

Die Gerichte beschäftigt die Parteiautonomie im Deliktsstatut hauptsächlich unter dem Aspekt einer während des Prozesses getroffenen Wahl der lex fori. Die hiermit zusammenhängenden Fragen werden in einem späteren Kapitel abgehandelt[43]. Daneben spielt von der Praxisrelevanz her noch die Erstreckung der für einen Vertrag getätigten Rechtswahl auf deliktische Ansprüche eine Rolle.

Die Möglichkeit der Parteien, in diesem Sinne durch Rechtswahl umfassend ihre gegenseitigen Beziehungen zu regeln, besteht nach dem bisher Gesagten unter zwei Prämissen. Einerseits darf es im Prozeß vor dem einheimischen Forum nur um die Bewertung der Interessen der Prozeßparteien gehen. Drittinteressen könnten hier allenfalls staatliche Interessen sein, wenn Deliktsnormen eine Straffunktion zukommt[44]. Daneben ist Voraussetzung für eine umfassende Rechtswahl, daß die gerichtliche Zuständigkeitsvorschrift, aus der sich eine Rechtswahlbefugnis herleiten läßt, Klagen aus Vertrag und Delikt erfaßt, so daß aus zuständigkeitsrechtlicher Sicht vertragliche und deliktische Ansprüche Bestandteile ein- und desselben Rechtsverhältnisses bilden. Wird eine Klausel, nach der „alle Streitigkeiten aus diesem Vertrag" einem Gericht zugewiesen werden, dahin interpretiert, daß das vereinbarte Gericht auch für Klagen aus unerlaubter Handlung zuständig ist, wenn diese zugleich Vertragsverletzungen beinhalten, bestehen keine Bedenken gegen eine Erstreckung der Rechtswahl auf die deliktischen Rechtsfragen. Mit „vertraglichen Beziehungen", für die die Parteien das Recht bestimmen, sind dann auch Ansprüche aus unerlaubter Handlung gemeint, wenn sie auf der Verletzung einer Pflicht beruhen, deren Erfüllung vereinbart worden war[45].

Anders ist die Lage, wenn das Zuständigkeitsrecht einen Lebenssachverhalt in vertrags- und deliktsrechtlicher Sicht unterschiedlich behandelt. Kann eine Rechtswahl sich nicht auf die Zulässigkeit einer Gerichtsstandsvereinbarung, sondern allein auf sonstige Kompetenzvorschriften stützen, scheidet die Möglichkeit der Erstreckung der Rechtswahl auf das Deliktsstatut aus, wenn die sonstigen Kompetenzvorschriften entweder lediglich

---

[43] Siehe unter C.

[44] Die deutsche Rechtsordnung betrachtet Deliktsnormen nicht als Normen mit Straffunktion (Mün.Kom.-*Mertens*, Vor 823-853 Rz. 41). Für Frankreich ebenso *Mazeaud/Chabas*, Bem. 375; siehe auch *Weill/Terré*, Bem. 586, die trotz Trennung des Deliktsrechts vom Strafrecht ersterem Abschreckungs- und Straffunktion zukommen lassen.

[45] *A. A. Mansel*, ZVglRWiss 86 (1987), 1, 15.

für vertrags- oder deliktsrechtliche Ansprüche gelten. Dies ist bei der Erfüllungs- und Tatortzuständigkeit nach heute noch herrschender Meinung der Fall[46].

2. Rechtswahl und akzessorische Anknüpfung

Die Literatur sucht die Einheit von Vertrags- und Deliktsstatut dagegen weniger mit Hilfe des Parteiwillens als einer objektiven Regel zu begründen, nach der das eine Statut dem anderen folge[47]. Der Akzessorietät des einen Statuts vom anderen wird der Vorrang vor einer Erstreckung der Rechtswahl auf deliktische Ansprüche gewährt, weil letztere auf eine Fiktion hinausliefe[48]. Dieser Vorwurf der Fiktion ist auf den Umstand zurückzuführen, daß die Literatur aus einer Perspektive argumentiert, nach der das Kollisionsrecht über die Herrschaft von Normen, nicht aber über das auf ein Prozeßverhältnis anzuwendende Recht bestimmt. Das Denken in Normgruppen führt zur Trennung von Vertrags- und Deliktsstatut, so daß es nicht plausibel erscheint, die für eine bestimmte Normgruppe getätigte Rechtswahl auf eine andere zu erstrecken. Dem Denken in Prozeßverhältnissen ist die Trennung von vertrags- und deliktsrechtlichen Ansprüchen nur in bestimmten Fällen, wie dargelegt, vorgegeben. Daß dieser Sicht der Vorzug zu geben ist, stellt nicht nur den Grundtenor der vorliegenden Arbeit dar, sondern läßt sich an dieser Stelle auch durch das Argument erhärten, daß gerade die akzessorische Anknüpfung die rechtslogische Vorgabe einer Trennung von Vertrags- und Deliktsstatut in Zweifel zieht.

Zudem läßt die akzessorische Anknüpfung offen, welches Statut dem anderen folgt. Hierzu werden denn auch unterschiedliche Positionen vertreten. Während die meisten Autoren von der Akzessorietät des Delikts- zum Vertragsstatut sprechen[49], hat Kreuzer vorgeschlagen, daß vertragliche Pflichten, die den Schutz des Integritätsinteresses des Vertragspartners betreffen, nach dem Deliktsstatut zu beurteilen sind, wenn der Vertrag nicht auf den Schutz dieses Interesses, sondern ausschließlich auf andere Ziele ausgerichtet ist, wie es bei Miete und Kauf der Fall ist[50]. Die Frage nach dem Vorrang des einen Statut vor dem anderen weist dann auch auf das Dilemma der akzessorischen Anknüpfung hin. Die kollisionsrechtlichen Interessen, die hinter dem akzessorischen Statut stehen, werden geopfert zugunsten eines Gleichlaufs zweier Statute. Prämisse der Erstreckung der Rechts-

---

[46] Siehe Nachweise bei *Mansel*, a.a.O., Fn. 73-75 sowie abweichende Meinungen in Fn. 76 und 79.
[47] Mün.Kom.-*Kreuzer*, Art. 12 EBGBG Rz. 65 m.w.N.; *Mansel*, a.a.O., S. 15 m.w.N.
[48] *Mansel*, a.a.O., S. 15.
[49] Siehe die Nachweise bei Mün.Kom.-*Kreuzer*, Art. 12 EBGBG Rz. 65, Fn. 192.
[50] Mün.Kom.-*Kreuzer*, a.a.O., Rz. 68.

wahl auf deliktische Ansprüche ist dagegen die Parallelität der kollisionsrechtlichen Interessen in beiden Rechtsbereichen. Ein Gleichlauf beider Statute wird nur angenommen, wenn die Beziehung der gewählten Rechtsordnung zur vertrags- und deliktsrechtlichen Seite des Sachverhalts aus zuständigkeitsrechtlicher Sicht identisch ist.

III. Parteiautonomie und Interessen Dritter

1. Rechtswahl und Interessen Dritter

1.1. Das Sachenrecht in prozessualer Sicht

Im internationalen Sachenrecht erwachsen Bedenken gegen die Zulässigkeit der Rechtswahl aus dem Umstand, daß von ihr auch Dritte, die nicht an der Rechtswahl beteiligt sind, betroffen werden. Welche Antwort gibt die Gleichlaufthese aber hier auf die Frage nach der Stellung der Parteiautonomie? Im Schuldrecht bereitet das Denken in Prozeßverhältnissen keine Probleme. Die Schuldrechtsnormen bezwecken den Ausgleich von Interessen zweier Privatrechtssubjekte, die wiederum die Prozeßparteien bilden. Sollte an Stelle des ursprünglich Aktiv- bzw. Passivlegitimierten dessen Rechtsnachfolger Prozeßpartei sein, so bereitet dies keine besonderen Schwierigkeiten. Der Nachfolger leitet seine Rechte aus der Position des ursprünglich Aktiv- bzw. Passivlegitimierten ab. Ihm können daher keine weitergehenden Rechte zustehen als seinem Vorgänger. So ist denn auch anerkannt, daß der Gesamt- oder Sonderrechtsnachfolger auf der Gläubigerseite an die Rechtswahl des Vorgängers gebunden ist[51]. Entsprechend werden Gerichtsstandsvereinbarungen behandelt[52].

Im Sachenrecht, jedenfalls soweit es die Publizität der Eigentumsübertragung und den Numerus clausus der Sachenrechte betrifft, läßt sich dagegen die Identität der normunterworfenen Rechtssubjekte und Prozeßparteien nicht aufrechterhalten. Die Anerkennung einer Verfügung durch die Rechtsordnung verlangt nach Koordination der Interessen des Verfügenden, des Erwerbers und Dritter. So kommt es für den Fall, daß nach einer Veräußerung an den Erwerber ein weiterer Übertragungsakt zwischen dem Veräußerer und einem Dritten vorgenommen wird, entscheidend darauf an, ob der Veräußerer im Zeitpunkt der späteren Verfügung noch befugt war zur Veräußerung, weil die frühere Verfügung wegen mangelnder Publizität unwirksam ist. Erwirbt ein Dritter die Sache vom Erwerber, nachdem die Sache

---

[51] *Reithmann/Martiny*, Rz. 175.
[52] *Geimer:* IZPR, Rz. 1273; *Kropholler:* Handbuch, Rz. 470.

dem Erwerber zuvor vom Veräußerer unter Vorbehalt des Eigentums geliefert wurde, ist entscheidend, ob der Dritte sich den Eigentumsvorbehalt entgegenhalten lassen muß. Nicht anders stellt sich die Sachlage dar, wenn ein Sicherungsnehmer einem Dritten Sicherungsrechte an der Sache entgegenhält. Auch hier stellt sich das Problem, ob das vereinbarte Sicherungsrecht anzuerkennen ist.

Die Koordination von Interessen in einem Dreiecksverhältnis durch das Sachenrecht läßt Prozeßverhältnisse entstehen, an denen Dritte beteiligt sind, die selbst nicht an der sachenrechtlichen Verfügung beteiligt waren und ihre Stellung im Prozeß auch nicht von der Position eines an der Verfügung Beteiligten ableiten. Solche Prozeßverhältnisse sind denkbar zwischen Dritten und dem Erwerber, falls der Veräußerer ein zweites Mal die Sache übereignet, zwischen Dritten und dem Veräußerer, falls ein Eigentumsvorbehalt vereinbart wurde, bzw. Dritten und dem Sicherungsnehmer. Im internationalen Sachenrecht lautet dann im Zusammenhang mit der Parteiautonomie die entscheidende Frage: Können Veräußerer und Erwerber durch Wahl der Sachenrechtsordnung Einfluß nehmen auf das fremde Prozeßverhältnis, an dem Dritte beteiligt sind? Folgt man dem Grundsatz, daß eine Selbstbestimmung nicht zur Fremdbestimmung führen kann, ist Rechtswahl ausgeschlossen, soweit sie die Position des Dritten verschlechtert.

1.2. Die Behandlung der Interessen Dritter durch die Befürworter der Rechtswahl im internationalen Sachenrecht

Welche Position dem Dritten zukommen muß, läßt sich abstrakt schwer beantworten. Jedenfalls herrscht auch[53] unter den Befürwortern der Anknüpfung sachenrechtlicher Fragen an ein vom Veräußerer und Erwerber gewähltes Statut die Meinung, daß Dritten der ihnen durch das Traditionsprinzip und Numerus clausus vermittelte Schutz der lex rei sitae im Zeitpunkt der zu ihren Gunsten vorgenommenen Verfügung nicht entzogen werden kann. Dabei beruft man sich entweder auf ein Vetorecht der Belegenheitsrechtsordnung[54] bzw. auf den Charakter der Sachenrechtsnormen als lois de police[55]. Teilweise wird insoweit eine funktionale Betrachtung

---

[53] Dies gilt für die h.M. (zu ihr 2. Teil, 1. Abschnitt, C) mit ihrer Anknüpfung an die lex rei sitae erst recht.

[54] *Staudinger/Stoll,* IntSachenR Rz. 225. Entgegen früherer Stellungnahmen ist *Stoll* aber nunmehr der Ansicht, daß die Geltung des Traditionsprinzips allein keinen Widerspruch der lex rei sitae gegen eine Übereignung nudo consensu begründet (a.a.O., Rz. 221 und 225).

[55] *Pierre Mayer,* Bem. 629 ff.; *Khairallah:* Sûretés, Bem. 336 ff., will Dritte über "la doctrine de l'ignorance de la loi étrangère" schützen.

der verschiedenen Rechtsordnungen vorgeschlagen. Eine Rechtswahl wirkt danach bereits dann gegenüber einem Dritten, wenn die gewählte Rechtsordnung einen gleichwertigen Schutz wie die lex rei sitae bietet[56]. Lediglich Gaudemet-Tallon hält einen Rückgriff auf die lex rei sitae nicht für erforderlich[57]. Drittinteressen verlangten dies nicht, da auch die Anknüpfung an das Recht der Belegenheit Dritte nicht schütze. Der Dritte wisse ja oftmals nicht, wo die Sache sich zum Zeitpunkt der Verfügung zwischen Sicherungsgeber und Sicherungsnehmer befinde[58]. Dabei übersieht sie aber, daß die Belegenheit der Sache zum Zeitpunkt des Eingreifens des Dritten in Rede steht.

Eine Sonderanknüpfung sachenrechtlicher Normen wird von den Befürwortern der Parteiautonomie im internationalen Sachenrecht allerdings verneint, soweit ein Dritter das Eigentum von einem Nichtberechtigten erwirbt[59]. Dem Erwerber und dem Veräußerer wird so die Möglichkeit zugesprochen, auf das Prozeßverhältnis zwischen dem Berechtigten und dem Erwerber Einfluß zu nehmen. Richtig an dieser Ansicht ist, daß ein besonderes Interesse des Berechtigten an Anwendung der lex rei sitae nicht besteht[60]. Denn ihr bringt der Berechtigte kein Vertrauen entgegen. Damit ist aber noch nicht dargelegt, daß Veräußerer und Erwerber bindend die Rechtsposition des Berechtigten festlegen können. Lediglich ist die Geltung der lex-rei-sitae-Regel in Zweifel gezogen. Im Grunde genommen machen die Befürworter der Rechtswahl auf ein Qualifikationsproblem aufmerksam. Ob von einem Nichtberechtigten Eigentum erworben werden kann, wirft nicht die Frage nach der Koordination von Interessen im Dreiecksverhältnis, sondern allein zwischen dem Berechtigten und dem Erwerber auf. Daher scheinen die Bestimmungen über die Wirksamkeit des Erwerbs vom Nichtberechtigten eher deliktischen Regeln bzw. dem Recht der Eingriffskondiktion näher zu stehen als den Vorschriften über die Publizität im Sachenrecht.

---

[56] *Weber*, Rabels Z 44 (1980), 510, 522 f., 526 f.
[57] *Gaudemet-Tallon*, JCP 1970 II 16182, unter III B.
[58] a.a.O., unter III A.
[59] *Weber*, Rabels Z 44 (1980), 510, 523 f.; *Stoll* will zwar den Widerspruch des zum Schutz der Drittinteressen berufenen Rechts beachten (*Staudinger/Stoll*, IntSachenR Rz. 234), aber nur solange als sich die Sache in dem Belegenheitsstaat befindet (a.a.O., Rz. 236 f.).
[60] *Weber* (a.a.O.) und *Stoll* (a.a.O., Rz. 234) verweisen darauf, daß die Parteien es in der Hand hätten, die Übereignung nach ihrem Willen in dem einen oder anderen Rechtsgebiet vorzunehmen und dadurch auch bei Geltung der lex-rei-sitae-Regel die sachenrechtlich maßgebende Rechtsordnung weithin in dem gleichen Umfang selbst zu bestimmen wie bei Anerkennung einer Rechtswahl.

2. Rechtswahl und Statutenwechsel

Auch die Anhänger der Parteiautonomie im internationalen Sachenrecht suchen, wie gezeigt, die Beeinträchtigung der Rechtspositionen Dritter durch die Rechtswahl zu vermeiden. Der Unterschied zur Anknüpfung an die lex rei sitae liegt in der Behandlung internationaler Verkehrsgeschäfte. Während bei Zulässigkeit der Rechtswahl sachenrechtliche Fragen nur dem Statut der gewählten Rechtsordnung unterliegen[61], sieht die h. A. sich infolge der Anknüpfung an den Belegenheitsort gezwungen, Erwerbsvorgänge im Rahmen internationaler Verkehrsgeschäfte sukzessiv der Rechtsordnung des Absende- und des Empfangslandes zu unterstellen. Ob aufgrund eines Tatbestandes ein dingliches Recht übertragen worden ist, bestimmt für die h. A. die (alte oder neue) Rechtsordnung, unter deren Herrschaft sich der Tatbestand vollendet hat[62]. Konstruktive Schwierigkeiten bereitet dabei der Fall, daß Ware aus einem Land, in dem das Traditionsprinzip gilt, in ein Land mit Konsensualprinzip geliefert wird. Wird die Ware erst im Empfangsstaat übergeben, ist unter der Herrschaft der alten Rechtsordnung kein Übergangstatbestand vollendet worden. Ist für die Rechtsordnung des Empfangsstaates die Übertragung bereits durch Abschluß des der Warenlieferung zugrundeliegenden Kaufvertrages vollzogen[63], verwirklicht sich auch unter deren Herrschaft kein Übertragungstatbestand mehr. Eine Übereignung hätte dann nicht stattgefunden[64]. Überläßt man dem Verkäufer und dem Käufer die Auswahl der Rechtsordnung, werden diese Mißlichkeiten vermieden. Die Übertragung beurteilt sich allein nach der bestimmten Rechtsordnung, ohne daß deren Herrschaft zeitlichen Grenzen unterliegt.

Ob die Rechtswahl das geeignete Mittel ist, die Probleme des Statutenwechsels zu überwinden, erscheint aber fraglich. Den Interessen des Erwerbers und des Veräußerers entspricht es nicht, zwischen der Rechtsordnung des Absende- und des Bestimmungsstaates auswählen zu müssen. Ihren Belangen wird am besten dadurch Genüge getan, daß die vom Veräußerer und Erwerber gewollte Verteilung der Verwertungsbefugnisse an der Sache anerkannt wird. Haben sie einen Eigentumsvorbehalt vereinbart, so ist nicht einsichtig, warum es in ihrem Interesse liegen soll, eine Rechtsordnung zu wählen, die im Drittinteresse den Eigentumsvorbehalt nicht anerkennt.

[61] Sowohl *Khairallah* (Bem. 80 ff. und 292 ff.) als auch *Stoll* (a.a.O., Rz. 217) heben hervor, daß eine Anknüpfung an den Parteiwillen die konstruktiven Probleme entfallen läßt, denen sich die h.M. ausgesetzt sieht, weil sie bei einem Transport beweglicher Sachen aus dem Bereich einer Rechtsordnung in den einer anderen von einem Statutenwechsel auszugehen hat (dazu sogleich im Text).

[62] *Soergel/Kegel*, Vor Art. 7 Rz. 565.

[63] So die Haltung der französischen Rechtsordnung: Art. 1138 C.civ.

[64] So konsequent *Niboyet:* Traité, S. 374 f.; anders *Ferid*, Rz. 7-75; *Kegel:* IPR, § 19 III, S. 489: Der Gesamttatbestand wird dem Recht des Empfangsstaates unterstellt, allerdings erst ab Eintreffen der Ware.

Dem Willen des Veräußerers und des Erwerbers die größte Entfaltung unter gleichzeitiger Ausschaltung der Nachteile einer sukzessiven Anknüpfung zweier Rechtsordnungen läßt dagegen die von Kegel für den Eigentumsvorbehalt beim Versendungskauf eigens entwickelte Regel des Statutenwechsels. Für die Zeit, da sich die Ware noch im Absendeland befindet, wird dessen Recht angewandt, für die Zeit ab Eintreffen der Ware im Ankunftsland wird der bereits im Absendestaat vollendete Tatbestand nach dem Recht des Ankunftslandes beurteilt[65]. Sobald sich die Sache im Empfangsstaat befindet, beurteilt sich daher die Wirksamkeit des Eigentumvorbehalts nach dessen Rechtsordnung, ohne daß deren Herrschaft eine zeitliche Beschränkung erfährt. Die vereinbarte Verteilung der Verwertungsbefugnisse wird nur soweit einer Wirksamkeitsprüfung unterzogen, als die Rücksicht auf die Interessen des Verkehrs im Empfangsstaat es verlangt. Auch die Befürworter der Parteiautonomie erlauben keine Beeinträchtigung dieser Verkehrsinteressen. Über ein Vetorecht[66] lassen sie die Rechtsordnung des Empfangsstaates ab Eintreffen der Ware zu Wort kommen[67] und verhindern, daß die Parteien mittels Rechtswahl einem Eigentumsvorbehalt Wirksamkeit verleihen, obwohl er vom Recht des Empfangsstaates nicht gebilligt wird.

Ähnlich verfährt die h. M. übrigens beim Transport einer Ware von einem Land mit Traditionsprinzip in ein solches mit Konsensualprinzip. Soweit nicht bereits nach dem Absendestaat die vom Käufer und Verkäufer gewollte Übertragung des Eigentums wirksam ist, soll im Zeitpunkt, in dem die Ware die Grenze des Empfangsstaates erreicht, das Eigentum übergehen[68], obwohl ein Übertragungstatbestand dort gerade nicht vollendet wird. Die zeitliche Herrschaft der Rechtsordnung des Empfangsstaates ist somit unbegrenzt. Demnach muß nicht die Parteiautonomie bemüht werden, um zu erreichen, daß der Wille des Verkäufers und des Käufers zur Übertragung des Eigentums nur insoweit einer Schranke unterliegt, als es die Interessen des Verkehrs im Absendestaat erfordern. Der umgekehrte Fall, daß aus einem Land mit Konsensualprinzip in ein solches mit Traditionsprinzip exportiert wird, bereit der h. L. keine Probleme. Der einmal wirksame Übertragungsakt bleibt, wie es dem Willen des Veräußerers und des Erwerbers entspricht, wirksam.

---

[65] *Soergel/Kegel*, Vor Art. 7 Rz. 569.
[66] Bzw. das Institut der „lois de police"; vgl. die Nachweise in Fn. 54 und 55.
[67] Siehe *Staudinger/Stoll*, IntSachenR Rz. 225, 279.
[68] Siehe *Kegel* und *Ferid* unter Fn. 64.

B. Die Anknüpfungsleiter des Vertragsstatuts

Im vorhergehenden Artikel wurde versucht, das Terrain der Parteiautonomie in der horizontalen Ebene zu sondieren. Untersucht wurde, inwieweit dem der Parteiautonomie immanenten subjektiven Element im internationalen Vertrags-, Delikts- und Sachenrecht Geltung zugebilligt werden kann. Subjektiv ist die Rechtslage insoweit, als die Auswahl des maßgeblichen Rechts aus dem Kreis der wählbaren Rechtsordnungen ohne objektive Kontrolle erfolgt. Das Ergebnis der Untersuchung war, daß dem subjektiven Element widerspruchsfrei Bedeutung in einem Kollisionsrechtsgefüge zugewiesen werden kann. Die horizontale Integration der Parteiautonomie bedarf deren Ergänzung in vertikaler Dimension. Besteht zwischen Rechtswahl und Anknüpfung desselben Statuts bei fehlender Rechtswahl tatsächlich eine so schroffe Grenze, wie es die Zuweisung der Rechtswahl in den Bereich subjektiver Anknüpfungen und der übrigen Anknüpfungsmerkmale in den Bereich der objektiven Bestimmung der maßgeblichen Rechtsordnung vorgibt?[69] Oder läßt sich nicht ein einheitliches Verständnis dieser Stufen der Anknüpfungsleiter entwickeln, das wiederum Prinzipien für die Anknüpfung bei fehlender Rechtswahl hergibt?

Eine Antwort hierzu läßt sich durch eine Analyse der vertikalen Stellung der Rechtswahl finden. Zu suchen ist nach einem Modell, das die möglichen Extreme der Anknüpfung ein und derselben Rechtsfrage, nämlich Anknüpfung nach dem ausdrücklichen Parteiwillen und Anknüpfung bei nicht feststellbarem Parteiwillen integriert. Unproblematisch sind dabei die Fallgestaltungen, in denen ein Ansatzpunkt für ein rechtsgeschäftlich bedeutsames Parteiverhalten fehlt. Ansprüche aus unerlaubter Handlung infolge eines Verkehrsunfalles entstehen ohne rechtsgeschäftlichen Kontakt des Schädigers und des Geschädigten. Rechtswahl kann hier immer nur als Abwahl der ohne Rechtswahl anzuwendenden Rechtsordnung verstanden werden. Ebenso einfach lassen sich die Stufen der Anknüpfungsleiter des Vertragsstatuts nicht in Beziehung setzen. Der Frage nach den methodischen Gemeinsamkeiten dieser Stufen soll daher im folgenden nachgegangen werden.

---

[69] Die Einzigartigkeit der Anknüpfung an die Rechtswahl hebt *Jacquet* hervor (Bem. 319). Zur Differenzierung zwischen objektiven und subjektiven Anknüpfungspunkten siehe auch *Christian von Bar*, Rz. 539, 551.

I. Die Methodik der Anknüpfung

1. Einheit und Dichotomie in der Literatur

Eine für alle Stufen der Anknüpfungsleiter des Vertragsstatuts einheitliche Methodik ist sowohl von einem subjektiven als auch objektiven Ausgangspunkt entwickelt worden. Für den integralen Subjektivismus verläuft die Anknüpfung nach den Stufen: ausdrücklicher-stillschweigender-subjektiv verstandener hypothetischer Parteiwille. Nach letzter Stufe bildet das Recht das Vertragsstatut, das die Parteien verständigerweise als maßgebend gewollt haben würden, wenn sie die Frage geregelt hätten[70]. Die Anknüpfung an einen so verstandenen hypothetischen Parteiwillen wird heute nicht mehr vertreten[71]. Es hat sich herausgestellt, daß für die vom Richter gefundene Anknüpfung bei nicht feststellbarem Parteiwillen die Umstände in den seltensten Fällen konkrete Anhaltspunkte für einen hypothetischen Willen liefern[72]. Ein integraler Objektivismus liegt der Batiffol'schen Lokalisierungstheorie zugrunde. Immer ist es der Richter, der den Vertrag lokalisiert. Die Vorstellung der Parteien über die Lokalisierung ihres Vertrages sind, soweit sie existieren, dabei nur ein Faktor, dem zwar entscheidende, aber keine ausschließliche Bedeutung zukommt[73]. Es wurde bereits ausgeführt, daß diese Theorie die Rolle des ausdrücklichen Parteiwillens bei der Anknüpfung nicht richtig umschreibt[74].

Die meisten Autoren machen sich deshalb heute für eine Zweiteilung der Anknüpfung des Vertragsstatuts stark[75]. Den subjektiven Stufen der Anknüpfungsleiter, dem ausdrücklichen und stillschweigenden Parteiwillen, soll eine objektive Anknüpfung folgen, für deren inhaltliche Ausgestaltung unterschiedliche Ansichten vertreten werden[76]. Dieser Wechsel von subjektiver zu objektiver Anknüpfung verursacht aber gerade an der Schnittstelle die größten Zweifel. Zwischen stillschweigender Rechtswahl und einer

---

[70] Vgl. RGZ 120, 70, 72.

[71] Zuletzt *Mann,* JZ 1962, 6, 10; *Gamillscheg,* AcP 157 (1958/59), 303, 324. Zur Ablehnung durch die h.M. siehe Mün.Kom.-*Martiny,* Vor Art. 12 Rz. 34. In Frankreich hat der Begriff des hypothetischen Parteiwillens keinen Anklang gefunden (*Jacquet,* Bem. 262; vgl. auch *Baiffol,* Mélanges Maury, S. 39, 41 f. und *Batiffol/Lagarde* Bem. 573-1).

[72] Den fiktiven Charakter des subjektiv verstandenen hypothetischen Parteiwillen heben *Martiny* (in Mün.Kom., Vor Art. 12 Rz. 39) und *Ulrich Stoll* (S. 183) – jeweils m.w.N. – hervor.

[73] *Batiffol/Lagarde* II, Bem. 573-1. Dort sowie in Aspects, S. 248 ff. hebt *Batiffol* auch den einheitlichen Ansatz seiner Theorie hervor.

[74] Siehe auch 1. Abschnitt, A I 2.

[75] Vgl. *Soergel/Kegel,* Vor Art. 7 Rz. 352; *Sandrock/Steinschulte,* A Rz. 210; *Staudinger/Firsching,* Vor Art. 12 Rz. 361; Mün.Kom.-*Martiny,* Vor Art. 12 Rz. 34.

[76] Zu den von der Literatur entwickelten objektiven Anknüpfungsgesichtspunkten siehe unter II.

objektiven Anknüpfung aufgrund einer Schwerpunktbetrachtung eine Grenze ziehen zu können, erscheint einigen Autoren als problematisch[77]. Regelmäßig wird nämlich der stillschweigende Parteiwille nach einer Aufzählung und Bewertung von Einzelumständen, die praktisch auf eine Schwerpunktbetrachtung hinausläuft, bejaht[78]. Deswegen allerdings auf den stillschweigenden Parteiwillen zu verzichten[79], überzeugt nicht. Das im stillschweigenden Parteiwillen enthaltene subjektive Element fiele unter den Tisch. Abgrenzungsprobleme zwischen stillschweigender Rechtswahl und objektiver Anknüpfung stellten sich nicht, wenn man unter letzterer nicht eine Einzelfallbetrachtung wie die Schwerpunktermittlung versteht, sondern bei nicht feststellbarem Parteiwillen eine vorformulierte Kollisionsnorm heranzieht. Nachteilhaft an dieser Lösung ist es, daß zwischen den beiden Stufen eine schroffe Grenze gezogen wird, ohne daß der Übergang vom stillschweigenden zum nicht mehr feststellbaren Parteiwillen entsprechend verläuft[80]. Umstände, die im Rahmen der Ermittlung des konkludenten Parteiwillens Beachtung finden, haben bei der objektiven Anknüpfung anhand einer vorformulierten Kollisionsnorm plötzlich keine Bedeutung mehr. Dies wäre nicht beachtenswert, wenn die Rechtswahl als Abwahl der von der Kollisionsnorm berufenen Rechtsordnung zu verstehen wäre. Dies ist sie aber nicht. Die generelle Kollisionsnorm soll ja nur als subsidiäre Anknüpfungsregel fungieren.

2. Die Anknüpfung als Wahrscheinlichkeitsurteil

Einen Ausweg aus dem Dilemma, zwischen den subjektiven und objektiven Elementen der Anknüpfung zu differenzieren, ohne aber gerade dieser Unterscheidung ausschlaggebende Bedeutung zuzumessen, weist die Ermittlung des konkludenten Parteiwillens. Schlüssige Rechtswahl liegt vor, wenn aus den Umständen mit an Sicherheit grenzender Wahrscheinlichkeit auf den Parteiwillen geschlossen werden kann[81]. Erkennt man aber, daß die Ermittlung des stillschweigenden Parteiwillens nichts weiter als ein Wahrscheinlichkeitsurteil darstellt, unterscheiden sich die zweite und dritte Stufe der Anknüpfungsleiter nicht zwingend durch ihre angeblich subjektive bzw. objektive Ausrichtung. Zum Differenzierungsmerkmal wird vielmehr die Art der Wahrscheinlichkeit, die für die Annahme eines bestimmten Partei-

---

[77] *Staudinger/Firsching*, Vor Art. 12 Rz. 362; *Batiffol/Lagarde*, Bem. 573-1.
[78] *Staudinger/Firsching*, a.a.O.; *Sandrock/Steinschulte*, A Rz. 50; *Soergel/Kegel*, Vor Art. 7 Rz. 351.
[79] So *Staudinger/Firsching*, a.a.O.
[80] Vgl. *Juenger*, Rabels Z 46 (1982), 57, 80.
[81] *Ulrich Stoll*, S. 178.

willens spricht[82]. Auf der zweiten Stufe der Leiter ist eine konkrete Wahrscheinlichkeit erforderlich. Es müssen konkrete Umstände vorliegen, die den Schluß zulassen, die Parteien hätten eine bestimmte Rechtsordnung gewählt. Die Suche nach psychologischen Faktoren, die auf einen tatsächlichen Willen hindeuten, steht im Vordergrund. Wenn man auf der dritten Stufe nicht den subjektiv verstandenen hypothetischen Parteiwillen zu ermitteln sucht, ist dort auf eine abstrakte Wahrscheinlichkeit abzustellen. Maßgeblich ist, welches Statut unter Außerachtlassung von Umständen, die konkret auf einen tatsächlich existierenden Willen hinweisen, bzw. der konkreten Parteivorstellungen als dem Parteiwillen entsprechend anzusehen ist. Der Schwerpunkt liegt dann auf der Bewertung materieller Faktoren, die einen bestimmten Willen als vernünftig erscheinen lassen. Man kann diesen Willen als objektiv verstandenen hypothetischen Parteiwillen definieren[83].

Dem Begriff des objektiv verstandenen hypothetischen Parteiwillens wird zuweilen Widersprüchlichkeit entgegengehalten[84]. Hinter einer subjektiv gehaltenen Fassade stecke in Wirklichkeit eine objektive Anknüpfung. Folgt man den vorstehenden Ausführungen, trifft dieser Vorwurf nicht zu. Subjektivität und Objektivität stehen sich nicht unversöhnlich gegenüber. Vielmehr lassen sich beide unter dem Gesichtspunkt der Wahrscheinlichkeit verbinden.

Der Vorzug des Terminus „hypothetischer Parteiwille" liegt darin, daß er das Konsensprinzip in den Vordergrund stellt. Im Gegensatz zum ausdrücklichen und stillschweigenden Parteiwillen entscheidet allerdings nicht der tatsächliche Konsens. Maßgeblich ist vielmehr, daß die gefundene Anknüpfung konsensfähig ist. Daher ist auch nicht einsichtig, warum der hypothetische Parteiwille, soweit er objektiv verstanden wird, ungeeignet sein soll, die Fälle zu lösen, in denen die Parteien bewußt keine Bestimmung über das anzuwendende Recht getroffen haben[85]. Es wird ja gar nicht behauptet, die Anwendung der ausgesuchten Rechtsordnung stimme mit dem tatsächlichen Parteiwillen überein. Der hypothtische Parteiwille sagt nichts anderes, als daß in konsensfähiger Weise angeknüpft wird.

---

[82] Eine Differenzierung nach Art der Wahrscheinlichkeit kommt natürlich nur insoweit in Betracht, als das Kollisionsrecht die Stufen des konkludenten Parteiwillens und der objektiven Anknüpfung innerhalb der Anknüpfungsleiter herausgearbeitet hat. Im französischen Recht ist dies nicht der Fall (siehe 2. Teil, 2. Abschnitt, A II). Dann bleibt nur übrig, danach zu fragen, welches Recht unter Berücksichtigung der psychologischen und materiellen Faktoren des Sachverhalts (dazu sogleich im Text) mit der größten Wahrscheinlichkeit dem Parteiwillen entspricht.

[83] Dieser Terminus geht auf die Entscheidung BGH vom 30.9.1952 = BGHZ 7, 231, 235 zurück.

[84] *Ulrich Stoll*, S. 179.

[85] So aber *Neuhaus:* Grundbegriffe, S. 266; siehe auch *Ulrich Stoll*, S. 232.

Wann nun eine Anknüpfung konsensfähig ist, wird im folgenden diskutiert. Problematisch ist, ob der hypothetische Parteiwille zwingend auf eine Schwerpunktermittlung im Einzelfall hinausläuft[86] oder ob es nicht gelingt, die Schwerpunktermittlung in generelle Regeln zu fassen.

II. Die objektiven Anknüpfungsgesichtspunkte

An Stelle der Ermittlung des Vertragsschwerpunktes im Einzelfall, der entgegengehalten wird, daß Formulierungen wie „die engste Verbindung" non-rules darstellen[87], hat die Literatur mehrere feste Regeln zur Anknüpfung des Vertragsstatuts auf der dritten Stufe entwickelt. Fraglich ist, ob es sich dabei jeweils um konsensfähige Prinzipien handelt.

1. Das Prinzip der geringsten Störung

Nach Kegel ist das Recht heranzuziehen, dessen Anwendung die geringste Störung verursacht[88]. Dies ist das Recht der Partei, die von der Anwendung des Rechts der Gegenpartei härter getroffen würde als die Gegenpartei von der Anwendung des Rechts der Partei[88]. Insoweit kann Kegel vom Standpunkt des Konsensprinzips aus nur zugestimmt werden. Ist die Rechtsordnung zu suchen, die vernünftigerweise die Parteien gewählt hätten, kann dies nur diejenige sein, deren Anwendung die geringste Störung verursacht.

Bedenken wirft aber aus der Sicht des Konsensprinzip die Konkretisierung dieser Regel durch Kegel auf. Wenn für die Bestimmung der härter getroffenen Partei entscheidend ist, welche Partei die stärkere ist[89], befindet sich Kegel nicht mehr auf dem Boden des Konsensprinzips. Kegels Vorschlag, „wer da hat, dem wird gegeben"[89], hat denn auch in der übrigen Literatur keinen Anklang gefunden[90]. Kegel erhebt durch seinen Vorschlag gerade das Gegenteil eines Axioms der Privatautonomie, nämlich der Verhandlungsparität[91], zu einem Rechtsgedanken.

---

[86] Vgl. die Umschreibung der Ermittlung des hypothetischen Parteiwillens in BGHZ 19, 110, 112 f. (vom 22.11.1955) = IPRspr. 1954-55 Nr. 22 = NJW 1956, 377; siehe auch *Staudinger/Firsching*, Vor Art. 12 Rz. 361; Mün.Kom.-*Martiny*, Vor Art. 12 Rz. 37.

[87] *Juenger*, Rabels Z 46 (1982), 57, 72; siehe auch *Weitnauer*, S. 156 ff. und Mün.Kom.-*Martiny*, Vor Art. 12 Rz. 39.

[88] *Soergel/Kegel*, Vor Art. 7 Rz. 354.

[89] a.a.O.

[90] Kritisch haben sich geäußert *Weitnauer* (S. 167 f.) und *Juenger*, Rabels Z 46 (1982), 57, 79.

[91] *Limbach*, JuS 1985, 10, 12 f.

Auch die weiteren Ausführungen Kegels, nach denen die geringste Störung dadurch verursacht wird, daß man das Recht der Partei anwendet, die eine berufstypische Leistung erbringt, da diese ein Interesse an uniformierter Behandlung der von ihr erbrachten Leistung hat[92], überzeugen nicht. Aus der Vielzahl der vorhandenen Interessen wird eins herausgegriffen, um das Prinzip der geringsten Störung zu konkretisieren, ohne daß nachvollziehbar ist, warum die berechtigten Interessen der Gegenseite zurücktreten müssen[93]. Die Neutralität gegenüber beiden Vertragspartnern wird hierdurch nicht gewahrt.

2. Anknüpfung an die charakteristische Vertragsleistung

Neutralität in dem Sinne, daß nicht bewußt die Interessen eines Vertragspartners in den Vordergrund gestellt werden, wahrt dagegen das Prinzip der charakteristischen Vertragsleistung. Ihr Standpunkt, daß auf die Zuständigkeitsinteressen der Partei abzustellen sei, deren Leistung den Vertrag im Vergleich zu anderen Vertragstypen charakterisiert[94], erscheint allerdings zu formal, um die Bevorzugung einer Partei wertungsmäßig zu legitimieren[95]. Daß die eine Leistung den Vertrag von anderen Vertragstypen abhebt, vermag nicht zu klären, weshalb die Zuständigkeitsinteressen der Partei, die diese Leistung erbringt, ausschlaggebend sind und die Interessen des Schuldners der in fast allen Vertragstypen enthaltenen Geldleistung zurücktreten müssen. Eine überzeugende theoretische Fundierung des Prinzips liegt bis heute nicht vor. Zwar hat Schnitzer, der Begründer dieser Lehre, eine Rechtfertigung geliefert[96]. Schnitzer definiert aber die charakteristische Leistung anders als diejenigen Autoren, die das Prinzip auf der dritten

---

[92] *Kegel*: IPR, § 18 I 1. d), S. 428.

[93] *Weitnauer*, S. 165 f., dort auch mit weiteren Einwänden gegen die Hervorhebung des Uniformitätsinteresses.

[94] Mün.Kom.-*Martiny*, Vor Art. 12 Rz. 41; *Staudinger/Firsching*, Vor Art. 12 Rz. 364; *Sandrock/Steinschulte*, A Rz. 232. Neuhaus spricht sich zwar für die Anknüpfung an die charakteristische Leistung aus (*Neuhaus:* Grundbegriffe, S. 168 f.), hat aber Zweifel, daraus eine Verbindung zum Wohnsitzrecht des Leistenden zu ziehen. In Frankreich hat sich der Gedanke der charakteristischen Leistung nicht zu einem Anknüpfungsprinzip verselbständigt. Zurückgegriffen wird auf die charakteristische Leistung vielmehr, um bei unterschiedlichen Erfüllungsorten der Vertragspflichten den „lieu d'exécution principal" zu bestimmen, weil im Vertrag sich besonders am Erfüllungsort lokalisiere (*Pierre Mayer*, Bem. 692 und 694; *Batiffol/Lagarde* II, Bem. 581).

[95] *Juenger*, Rabels Z 46 (1982), 57, 78; *Kreuzer*, S. 96.

[96] *Schnitzer*, FG Schönenberger, S. 387, 396 ff. *Schnitzer* geht von einer funktionellen Anknüpfung aus, nach der Rechtsverhältnisse entsprechend ihrer Funktion im Wirtschafts- oder Sozialleben eines Landes angeknüpft werden (a.a.O., S. 396 f.). Die charakteristische Leistung soll dabei auf die Funktion des Rechtsverhältnisses im Rahmen eines bestimmten Rechtskreises hinweisen (a.a.O., S. 396) und erhält deshalb eine bestimmte Bedeutung (dazu gleich im Text).

Stufe der Anknüpfungsleiter des Vertragsstatuts zur Geltung bringen wollen. Nach Schnitzer ist charakteristisch die Leistung der Partei, die eine volkswirtschaftliche Funktion ausübt[97]. Durch die Hinwendung zu den Belangen einer Volkswirtschaft werden Drittinteressen bei der Anknüpfung des Vertragsstatuts ins Spiel gebracht, was zur Gefährdung der Parteiautonomie im Grundsätzlichen führt. Die Parteien können nur über ihre eigenen Interessen bestimmen[98]. Konsequenterweise soll nach Schnitzer Rechtswahl nur möglich sein, wenn die Rechtsordnung, der die charakteristische Leistung zuzuordnen ist, Parteiautonomie gestattet[99]. In einem Kollisionsrecht, das den Konsens der Vertragspartner zum Anknüpfungsprinzip erhebt, kann dagegen der volkswirtschaftlichen Relevanz einer Leistung keine Beachtung geschenkt werden[100].

3. Anknüpfung an die stärker normierte Leistung

Von Kreuzer stammt der Vorschlag, die Leistung, die gesetzlich stärker geregelt ist, zu bevorzugen[101]. Auch hier bleibt aber unklar, warum zum Beispiel die größere Zahl der die Leistungspflicht des Verkäufers regelnden Normen für die Anwendung seines Rechts sprechen soll. Sicherlich hat der Verkäufer ein Interesse an der Anwendung seiner eigenen Rechtsordnung, weil er, um ordnungsgemäß zu erfüllen, sich gesetzeskonform verhalten muß.

Andererseits hat auch der Käufer ein Interesse an der Anwendung der ihm bekannten Rechtsordnung, da er im Zeitpunkt des Vertragsschlusses wissen möchte, worauf er einen Anspruch hat[102]. Kreuzers Modell ist auch deshalb fraglich, weil das Vertragsstatut auch die allgemeinen schuldrechtlichen Vorschriften wie Formwirksamkeit oder Irrtumsregelungen umfaßt, ohne daß insoweit zwischen Käufer- und Verkäuferleistung differenziert werden kann.

---

[97] *Schnitzer*, Rev.Crit. 1955, 459, 479.
[98] Siehe oben 1. Abschnitt, B I.
[99] *Schnitzer*, FG Schönenberger, S. 387, 401, 403; siehe auch Rev.Crit. 1955, 459, 472. Dort führt *Schnitzer* aus, daß das staatliche Interesse an der Geltung seines Rechts der originären Rechtswahl entgegensteht.
[100] Wenn *Kreuzer* keine Verbindung der volkswirtschaftlichen Bedeutung einer Leistung zur kollisionsrechtlichen Gerechtigkeit erkennt (*Kreuzer*, S. 96), so ist dies darauf zurückzuführen, daß er bei Anknüpfung des Vertragsstatuts nur kollisionsrechtliche Interessen der Parteien berücksichtigen will (a.a.O., S. 96 f.), nicht aber staatliche Interessen, so daß für ihn kein Anlaß besteht, an der Zulässigkeit der Rechtswahl zu zweifeln (a.a.O., S. 50 ff.).
[101] a.a.O., S. 97 f. (speziell zum Kaufvertrag).
[102] In diesem Sinne *Weitnauer*, S. 165.

4. Anknüpfung entsprechend dem operative effect

Weitnauer hat vorgeschlagen, an das Recht des Ortes anzuknüpfen, an dem die Leistung erbracht wird, auf die der prägende Vertragszweck, der „operative effect", gerichtet ist – so etwa bei Dienstverträgen an den Tätigkeitsort, bei Mietverträgen an den Belegenheitsort der Mietsache und bei Kaufverträgen an den Lieferort[103]. Dadurch sollen die Anknüpfung an den ausdrücklichen und stillschweigenden Parteiwillen und die „objektive" Anknüpfung harmonisiert werden[104]. Auch der Vertragszweck hinge vom Parteiwillen ab[105]. Durch die Hervorhebung des Vertragszwecks zeichnen sich Parallelen zwischen Weitnauers Vorschlag und der Batiffol'schen Lokalisierungstheorie[106] ab. Weitnauer unterscheidet sich allerdings von Batiffol darin, daß der Vertragszweck nicht unmittelbar die Lokalisierung enthält, sondern lediglich zum Objekt der Lokalisierung wird. Dann fehlt der Vertragszweckbestimmung aber nach Weitnauer selbst eine räumliche Aussagekraft. Da ausdrücklicher und stillschweigender Parteiwille unmittelbar auf die räumliche Fixierung des Vertrages zielen, ist zugleich nicht mehr einsichtig, auf welche Weise die verschiedenen Anknüpfungsstufen harmonisieren.

5. Die Gleichlaufthese und Konkretisierung des Konsensprinzips

Das Zuständigkeitsrecht bewertet die räumliche Nähe von erhobenen Ansprüchen zu den verschiedenen Gerichtsbarkeiten. Dabei weist das Prozeßrecht meistens den Gerichten verschiedener Staaten die Kompetenz zu. Für die Anknüpfung des Vertragsstatuts auf der dritten Stufe lassen sich Ableitungen aus dem Zuständigkeitsrecht ziehen, wenn die Zuständigkeitsvorschriften ein Vertragsforum erkennen lassen, vor dem sowohl die aus dem Vertrag fließenden Ansprüche als auch die Gegenansprüche geltend gemacht werden können. Dann ist der Vertrag unter zuständigkeitsrechtlichen Gesichtspunkten in dem Staat dieses Forums lokalisiert. Soweit die Lokalisierung nicht auf Besonderheiten der Zuständigkeitsproblematik beruht, ergibt sie auch das Vertragsstatut auf der dritten Stufe der Anknüpfungsleiter. Diese Lösung entspricht auch dem Konsensprinzip, wenn die verschiedenen Zuständigkeitszuweisungen konsensfähig sind.

Keine Schwierigkeit bereitet die Bestimmung des Vertragsforums, wenn die Parteien durch Vereinbarung ein solches bestimmt haben. Ein vereinbar-

---

[103] *Weitnauer*, S. 207 f.
[104] a.a.O., S. 208.
[105] a.a.O.
[106] Zur Lokalisierung als Vertragszweckbestimmung siehe 1. Teil, 1. Abschnitt, A I 1.

B. Die Anknüpfungsleiter des Vertragsstatuts

tes Vertragsforum kann aber bei einem abstrakten Wahrscheinlichkeitsurteil über den Parteikonsens keine Rolle spielen, da es Ausdruck konkreter Parteivorstellungen ist. Eine Zuständigkeitsvereinbarung kann lediglich als psychologischer Faktor Bedeutung erlangen.

Dagegen ist die Einteilung der Gerichtsstände in Kläger- und Beklagtengerichtsstände von Nutzen, wenn man unter Klägergerichtsstand einen Gerichtsstand versteht, der es dem Kläger ermöglicht, den Beklagten außerhalb seines Wohnsitzstaates gerichtlich in Anspruch zu nehmen[107]. Wenn im Staate des Klägers ein Forum für Klagen gegen den Beklagten eröffnet ist, ohne daß der Beklagte seinerseits Ansprüche gegen den Kläger außerhalb dieses Forumstaates verfolgen kann, ist eine Lokalisierung in dem Forumstaat anzunehmen. Ein solch normatives Vertragsforum ist insbesondere zu bejahen, wenn aufgrund des im Wohnsitzstaates des Klägers gelegenen Erfüllungsortes für die Pflichten des Beklagten bzw. einer dort belegenen geschäftlichen Niederlassung des Beklagten ein Klägergerichtsstand im Wohnsitzstaat des Klägers eröffnet ist, der Kläger aber nur seinem Wohnsitzgericht unterworfen ist. Der Rückgriff auf den Erfüllungsort hat natürlich nur Sinn, wenn dieser sich autonom, d. h. ohne Verweis auf ein materielles Recht, bestimmen läßt[108]. Andernfalls gerät man in einen Zirkelschluß, denn der Erfüllungsort soll hier ja gerade der Ermittlung des Vertragsstatuts dienen. Eine autonome Bestimmung ist insbesondere angebracht, wenn eine Pflicht aus Gründen der Natur der Sache an einem bestimmten Ort, wie z. B. die Pflicht eines Vermieters am Belegenheitsort des vermieteten Wohnraums, zu erfüllen ist.[109]. Diskussionswürdig ist es auch, eine Parteivereinbarung über den Erfüllungsort entscheiden zu lassen[110].

Haben beide Parteien ihren Wohnsitz im selben Staat, bietet es sich an, im Wohnsitzstaat das Vertragsforum anzusiedeln, auch wenn eine Verpflichtung außerhalb des Wohnsitzstaates zu erfüllen ist.

Scheidet die Bestimmung eines normativen Vertragsforums mangels Überlappung der Zuständigkeiten für den Anspruch und den Gegenanspruch aus, bleibt noch die Möglichkeit, ein hypothetisches Vertragsforum zu fixieren. Das hypothetische Vertragsforum befindet sich in dem Staat, in dem ein normatives Vertragsforum zu lokalisieren wäre, wenn die Zuständig-

---

[107] Vgl. *Schröder:* Internationale Zuständigkeit, S. 239; anders *Geimer* (in IZPR, Rz. 1156), der die Differenzierung zwischen Beklagten- und Klägergerichtsstand danach vornehmen will, ob die kompetenzrechtlich relevanten Tatbestandsmerkmale in der Person des Beklagten oder des Klägers verwirklicht sein müssen.

[108] Einen Versuch, den prozessualen Erfüllungsort unabhängig vom materiellen Recht zu definieren, hat *Schack* (Erfüllungsort, Rz. 207 ff. – für 29 ZPO – und Rz. 344 ff. – für Art. 5 Nr. 1 GVÜ) unternommen.

[109] Weitergehend *Schack*, der den Standort des Vertragsgegenstandes zum Erfüllungsort der Sachleistungspflicht erklären möchte (a.a.O., Rz. 212 ff. und 347 ff.).

[110] Kritisch *Schack* (a.a.O., Rz. 209 ff. und Rz. 346).

keitsregeln so fortzuentwickeln wären, daß es zu einer Überschneidung der Zuständigkeit für den Anspruch und den Gegenanspruch käme. Dafür sind die Kriterien zu durchleuchten, die es erlauben, einen Beklagten außerhalb des Beklagtengerichtsstandes zu verfolgen. Insbesondere dem Erfüllungsort der Beklagtenverpflichtung kommt dabei große Bedeutung zu[111]. Dann bietet es sich an, das hypothetische Vertragsforum an dem Ort zu lokalisieren, an dem beide Vertragsverpflichtungen zu erfüllen wären, wenn für den Anspruch und den Gegenanspruch ein gemeinsamer Erfüllungsort bestimmt werden müßte[112].

Der Begriff des hypothetischen Vertragsforums wurde mit Bedacht gewählt. Ein gemeinsamer Erfüllungsort ist auch, wie mittlerweile geklärt, im Rahmen des GVÜ[113], soweit nicht um Ansprüche aus Arbeitsverträgen gestritten wird, nicht zu bestimmen[114]. Versuchen, die Entscheidung Ivenel/Schwab des EuGH[115] dahin auszulegen, daß nach Art. 5 Nr. 1 GVÜ auch außerhalb arbeitsrechtlicher Streitigkeiten der Erfüllungsort der vertragstypischen Leistung, nicht aber der eingeklagten Verpflichtung entscheidend sei[116], ist der EuGH durch Urteil vom 15.1.1987 entgegengetreten[117].

Im Rahmen der Ermittlungen des hypothetischen gemeinsamen Erfüllungsortes ist insbesondere das Kegel'sche Prinzip der geringsten Störung von Nutzen[118]. Die Leistung tritt zurück, die ohne Not auch am Erfüllungsort der Gegenleistungspflicht erbracht werden kann, falls der Erfüllungsort der Gegenleistungspflicht feststeht. Deshalb ist insbesondere der Erfüllungsort der Leistungen, die aus Gründen der Natur der Sache nur an einem bestimmten Ort erbracht werden können, ausschlaggebend. Die insoweit indifferente Geldzahlungspflicht, die mit einer solchen Verpflichtung korre-

---

[111] Vgl. 29 ZPO und Art. 5 Nr. 1 GVÜ; siehe zur Bedeutung des Erfüllungsortes *Schack*, a.a.O., Rz. 141 ff.

[112] Die Idee, im Kollisionsrecht an einen einheitlichen Erfüllungsort bei fehlender Rechtswahl anzuknüpfen, hat bereits *Schack* (a.a.O., Rz. 127) vorgetragen. Allerdings läßt er sich nicht dazu aus, wie ein solcher zu bestimmen ist. Nicht an einen einheitlichen Erfüllungsort, dafür aber den „lieu d'exécution principal" knüpfen die französischen Autoren an (siehe Fn. 94).

[113] Im autonomen deutschen IZPR ist unbestritten, daß für jede vertragliche Hauptpflicht der Erfüllungsort selbst zu bestimmen ist (siehe *Geimer:* IZPR, Rz. 1484).

[114] Zur Bestimmung des Erfüllungsortes bei arbeitsrechtlichen Streitigkeiten siehe 2. Teil, 1. Abschnitt, A I 4.1.a) bei Fn. 43.

[115] Die Entscheidung des EuGH ist im 2. Teil, 1. Abschnitt, A I 4.1.a) unter Fn. 43 näher dargelegt.

[116] So OLG Koblenz vom 24.5.1985 = IPrax 1986, 105 = RIW 1986, 459, 460 = IPRspr. 1985, Nr. 139, S. 378.

[117] NJW 1987, 1131, 1132 = IPrax 1987, 366, 368 = RIW 1987, 213, 214 f.

[118] Zum Prinzip der geringsten Störung siehe oben unter 1.

spondiert, tritt dagegen zurück. Hier werden Koinzidenzen zur Anknüpfung an die charakteristische Leistung deutlich.[119].

C. Autonomie und lex fori

I. Fakultatives Kollisionsrecht

Die lex fori besitzt im Kollisionsrecht eine nicht bestreitbare Attraktivität. Dem Richter ist sie als einheimisches Recht besser zugänglich, weshalb ihrer Anwendung eine höhere Authentizität der Entscheidung entspricht[120]. Zugleich ist die Anwendung der lex fori mit weniger Geld- und Zeitaufwand verbunden[121]. Da die Anwendung der lex fori einfacher ist, haben aber nicht nur die Parteien, sondern auch das Gericht ein Interesse an ihrer Geltung. Das „Heimwärtsstreben" der Gerichte erhält eine zusätzliche Motivation dadurch, daß mit der Anwendung der lex fori ein Abweichen von den eigenen Gerechtigkeitsvorstellungen entfällt[122]. Die Attraktivität der lex fori hat die Frage aufkommen lassen, inwieweit die mit der Einführung der Rechtswahl auch im Internationalen Privatrecht bekannte Privatautonomie zur verstärkten Berücksichtigung der lex fori eingesetzt werden kann.

1. Die Haltung der französischen Autoren

Die dabei anzustellenden Überlegungen haben in ihrer klarsten Form die französischen Autoren herausgestellt. An die Frage nach der Disponibilität der Kollisionsnorm[123] schließt sich bei ihrer Bejahung das Problem, ob die lex fori nur infolge Rechtswahl durch die Parteien Beachtung finden kann[124] oder die Kollisionsnorm Einredecharakter besitzt mit der Folge, daß nur im Falle des ausdrücklichen Begehrens der Anwendung ausländischen Rechts durch eine Partei das von der Kollisionsnorm berufene Recht zur Geltung gelangt[125]. Wenig überzeugend sind allerdings die Antworten der französischen Wissenschaft auf diese Fragen. Die Disponibilität soll sich nach der

---

[119] Vgl. zu weiteren Übereinstimmungen des Prinzips der charakteristischen Leistung und der Anknüpfung an den einheitlichen Erfüllungsort unter 2. Teil, 2. Abschnitt, B I 2.2.

[120] *Flessner*, Rabels Z 34 (1970), 547, 549 ff.; *Müller-Graf*, Rabels Z 48 (1984), 289, 292 ff.

[121] *Flessner*, a.a.O., S. 550.

[122] *Heldrich*, FS Ferid, S. 209, 218.

[123] *Motulsky*, Mélanges Maury, S. 337, 365; *Batiffol/Lagarde* I, Bem. 329.

[124] *Motulsky*, Mélanges Savatier, S. 681, 686 ff.

[125] *Batiffol/Lagarde* I, Bem. 329.

lex fori richten[126]. Dem einheimischen materiellen Recht läßt sich aber schwerlich entnehmen, ob eine Kollisionsnorm zwingend ist oder nicht. Materiell- und kollisionsrechtliche Interessenbewertung stehen auf verschiedenen Ebenen. Im übrigen wird der Einredecharakter der Kollisionsnormen, soweit er befürwortet wird, nicht begründet[127].

2. Die Gedankenmodelle der deutschen Rechtswissenschaft

Dagegen überspringen die deutschen Autoren die doppelte Fragestellung und diskutieren unter dem Stichwort „Fakultativität des Kollisionsrechts" global das Problem, ob Kollisionsnormen nur zu beachten sind, wenn die Anwendung fremden Rechts beantragt wird[128]. Die mangelnde Differenzierung läßt dann auch die von den Anhängern des fakultativen Kollisionsrechts entwickelten Modelle als fragwürdig erscheinen.

Flessners Idee, der Anwendung des Kollisionsrechts eine Norm vorzuschalten, nach der das IPR nur heranzuziehen ist, wenn eine Partei dies wünscht[129], läßt offen, auf welche Weise das Verständnis des Kollisionsrechts als Anweisung an den Richter, wie er in internationalen Fällen zu verfahren hat, sich mit der Existenz einer weiteren Bestimmung vereinbaren läßt, mit Hilfe derer der Gesetzgeber dem Richter aufgibt, seine Anweisungen nur zu befolgen, wenn eine Partei dies wünscht. M. a. W. das Verhältnis der hinter der Kollisionsnorm stehenden Interessen zum Interesse der Parteien an einer Anwendung der lex fori bleibt ungeklärt. Eine überzeugende Antwort auf diese Frage findet sich auch nicht bei Müller-Graf, der die realisierte internationale Zuständigkeit selbst zum Nähekriterium des im Streit befindlichen Rechtsverhältnisses erheben möchte[130]. Dadurch bewegt sich Müller-Graf nur vordergründig im Fahrwasser des Kollisionsrechts, das jedes Rechtsverhältnis der Rechtsordnung zuordnen möchte, der es am nächsten steht[131]. Ungeklärt bleibt, in welchem Verhältnis die von ihm aus der realisierten internationalen Zuständigkeit abgeleitete Nähe des

---

[126] *Batiffol/Lagarde*, a.a.O.; *Motulsky*, Mélanges Maury, S. 337, 365.

[127] Nach *Batiffol/Lagarde* (a.a.O., Fn. 4) soll es Sache der Vertreter der gegnerischen Position sein nachzuweisen, daß die Kollisionsnorm keinen Einredecharakter besitzt.

[128] Dies bejahen *Flessner*, Rabels Z 34 (1970), 547 ff.; *Sturm*, FS Zweigert, S. 329 ff.; *Müller-Graf*, Rabels Z 48 (1984), 289 ff.; ablehnend die h.M.: *Neuhaus:* Grundbegriffe, S. 66; *Kegel:* IPR, § 15 II, S. 316 m.w.N.; Mün.Kom.-*Sonnenberger*, Einleitung IPR Rz. 92 f. m.w.N. in Fn. 230.

[129] *Flessner*, a.a.O.

[130] *Müller-Graf*, Rabels Z 48 (1984), 289 ff., 309 f.

[131] *Kegel:* IPR, § 2 I, S. 81.

in Streit befindlichen Rechtsverhältnisses zur lex fori zu den prozeßunabhängig typisierten IPR-Nähekriterien, wie sie von den eigentlichen Kollisionsnormen aufgestellt werden, steht[132].

II. Die räumliche Nähe der realisierten Zuständigkeit

Die Stellung der lex fori in einem Kollisionsrechtsgefüge läßt sich nur ausloten, wenn man die realisierte internationale Zuständigkeit nicht, wie es Müller-Graf macht, beziehungslos neben die prozeßunabhägig typisierten IPR-Kriterien stellt. Ausgangspunkt der Überlegungen muß vielmehr sein, daß Bewertungen der räumlichen Nähe durch das Zuständigkeitsrecht grundsätzlich in das internationale Privatrecht übertragen werden können, zeitliche und gegenständliche Perspektivverschiebungen allerdings dazu führen, daß Zuständigkeit und anwendbares Recht im Endeffekt nicht übereinstimmen müssen[133]. Hier sei insbesondere auf den Umstand verwiesen, daß im Kollisionsrecht eine Rechtsordnung ex ante für ein gesamtes Rechtsverhältnis gesucht wird, während das Prozeßrecht mehrere Zuständigkeiten für einen einzelnen Anspruch verteilt und dabei zuweilen auf den Zeitpunkt der Klageerhebung abstellt. Die Frage ist aber, ob diese Perspektivverschiebung für das Kollisionsrecht zwingend vorgeschrieben ist. Es erscheint nicht von vornherein ausgeschlossen, den Prozeßparteien zu erlauben, zwischen der anspruchsbezogenen und ihr Prozeßverhältnis allein ins Auge fassenden Sicht des Prozeßrechts, bei der teilweise auch ein anderer Zeitpunkt maßgeblich ist, oder der gegenständlich umfassenderen ex-ante-Perspektive des Kollisionsrechts zu wählen. Bereits die Möglichkeit der nachträglichen Rechtswahl, die im internationalen Vertragsstatut allgemein anerkannt ist[134] zeigt, daß Annäherung des Kollisionsrechts an die zuständigkeitsrechtliche Sicht möglich sind.

Zwei Modelle bieten sich zur Erfassung der Dispositionsmöglichkeiten der Prozeßparteien an. Man geht entweder von der umfassenden ex-ante-Perspektive des Kollisionsrechts aus und gewährt den Parteien das Recht, zugunsten der zuständigkeitsrechtlichen Betrachtung, nach der der erhobene Anspruch in dem Staat zu lokalisieren ist, dessen Gerichte der Kläger

---

[132] Wenn *Müller-Graf* das Verhältnis dahin umschreibt, daß der Näheschwerpunkt zur lex fori wegen der realisierten Zuständigkeit nur als ausschlaggebend gelten kann, solange keine Partei sich auf die prozeßunabhängigen Nähekriterien des Rechtsverhältnisses beruft (*Müller-Graf*, Rabels Z 48 (1984), 289, 310), so stellt dies das Ergebnis seiner Auffassung, nicht aber eine wertungsmäßige Klärung des Verhältnisses dar.

[133] Siehe oben 1. Abschnitt, C II 1. bei Fn. 57.

[134] Im deutschen Recht ist sie nach Art. 27 Abs. 2 Satz 1 EGBGB zulässig. Nichts anderes gilt für das französische Recht (*Batiffol/Lagarde*, Bem. 573-1, Fn. 9).

angerufen hat, zu optieren, oder man billigt der zuständigkeitsrechtlichen Perspektive Vorrang zu mit der Folge, daß es den Prozeßparteien obliegt, die Sicht der Kollisonsnorm ins Spiel zu bringen. Egal, welchem Modell man folgt, eine Dispositionsbefugnis besteht nur, als nicht zwingende Gründe die Geltung der von der Kollisionsnorm berufenen Rechtsordnung auch dann vorschreiben, wenn eine Entscheidung nur zwischen den Prozeßbeteiligten ergeht.

1. Option zugunsten der lex fori für den erhobenen Anspruch

Anhaltspunkte für eine grundsätzliche Entscheidung einer Rechtsordnung zugunsten der kollisionsrechtlichen Betrachtung können die Fixierung des Kollisionsrechts in gesetzlichen Normen, aber auch das Prozeßrecht liefern. In der Ausgestaltung der Zuständigkeitsvorschriften kann sich das Bemühen des Gesetzgebers zeigen, die kollisionsrechtliche Perspektive auf die Zuständigkeitsvorschriften umschlagen zu lassen, indem er Gerichtsstände schafft, die eine paritätische Verteilung der Kompetenzen der Staaten erkennen lassen, die zugleich einer einheitlichen Lokalisierung der aus dem Rechtsverhältnis fließenden Ansprüche dienen und auf den Zeitpunkt des fraglichen Geschehens abstellen.

Eine nachträgliche Disposition der Parteien zugunsten der lex fori wird man dabei ohne weiteres für zulässig erachten müssen, wenn die Parteien bei ihrer ursprünglichen Rechtswahl die lex fori hätten vereinbaren können. Als unbedenklich wird man eine Wahl der lex fori auch anzusehen haben, wenn infolge der Veränderung der zuständigkeitsrechtlichen Gesichtspunkte – sprich insbesondere bei einer Wohnsitzverlegung bzw. bei einem Unterlassen der Rüge der internationalen Unzuständigkeit in limine litis – eine Wahl der lex fori nunmehr möglich erscheint. Dadurch würde herausgestellt, daß die Kollisionsnorm nur eine vorläufige Bewertung darstellt, über die die Parteien im Zeitpunkt der Realisierung der Bewertung verfügen können. Stellt die Bewertung durch das Kollisionsrecht eine vorläufige dar, die sich erst im Rechtsstreit realisiert, wird auch eine auf den erhobenen Anspruch beschränkte Rechtswahl als zulässig anzusehen sein. Man wird es z. B. den Partnern eines Vertrages anheimstellen können, die Friktionen in Kauf zu nehmen, die sich aus einer Beschränkung der Geltung der lex fori auf den erhobenen Anspruch ergeben können.

Die Möglichkeit einer auf den geltend gemachten Anspruch bezogenen Wahl der lex fori wird von der rechtswissenschaftlichen Literatur entweder nicht in Betracht gezogen[135] bzw., soweit es um die Legitimation der fakul-

---

[135] Siehe *Müller-Graf,* Rabels Z 48 (1984), 289, 309.

tativen Ausgestaltung des Kollisionsrechts geht, mit dem Argument verneint, daß es nicht der Interessenlage der Parteien entspräche, sich positiv auf die Geltung der lex fori einigen zu müssen, statt lediglich übereinstimmend davon abzusehen, sich auf das fremde Recht zu berufen[136]. Denn bestünde einmal Streit zwischen den Parteien, könnte eine Vereinbarung auch nur über das anwendbare Recht von ihnen nicht erwartet werden[137]. Dieses Argument ist aber eine petitio principii. Es geht von einem vorrangigen Interesse der Parteien an der Geltung der lex fori aus, das es gerade zu beweisen gilt[138].

Mit den vorstehenden Ausführungen soll nicht einer unbegrenzten Wahl der lex fori für das Prozeßverhältnis das Wort geredet werden. Entscheidend ist, inwieweit hinter einer kollisionsrechtlichen Regelung Gesichtspunkte stehen, die in Folge der ex-ante und auf das gesamte Rechtsverhältnis bezogenen Sicht des Kollisionsrechts im anhängigen Verfahren keine zwingende Rolle spielen. Ist für das Scheidungsverfahren z. B. das Heimatrecht der Eheleute maßgeblich, weil hinkende Rechtsverhältnisse vermieden werden sollen, so muß dieser Gesichtspunkt natürlich auch im Scheidungsverfahren berücksichtigt werden. Hat das Sachenrecht die Aufgabe, Rechtsbeziehungen zu koordinieren[139], so steht dagegen der Wahl der lex fori die Drittschutzfunktion des Sachenrechts infolge der subjektiven Grenzen der Rechtskraft nicht entgegen[140]. Die Wahl hat keinen Einfluß auf die Bewertung fremder Interessen.

2. Prinzipielle Kompetenz der lex fori

Das Fehlen gesetzgeberischer Kollisionsnormen sowie die Existenz von Zuständigkeitsnormen, die bewußt die Zuständigkeit der einheimischen Gerichte bevorzugen, legen die Annahme eines grundsätzlichen Vorrangs der lex fori nahe. Solche Zuständigkeitsvorschriften liefern keine Kriterien zur paritätischen Verteilung der Gesetzgebungskompetenzen, wie es dem Ideal eines Kollisionsrechts entspricht. Auch bei einer prinzipiellen Kompetenz der lex fori muß ausländisches Recht von Amts wegen angewandt werden, wenn wie am oben erörterten Beispiel eines Scheidungsfalles, die Kollisionsnorm Gesichtspunkte enthält, die innerhalb eines Prozeßverhältnisses zwingende Beachtung verlangen.

---

[136] *Flessner*, Rabels Z 34 (1970), 547, 578.

[137] a.a.O.

[138] *Schurig* (a.a.O., S. 345 f.) weist zu Recht auf die Merkwürdigkeit hin, daß nach *Flessner* zumindest eine Partei störrischerweise gegen ihre eigenen kollisionsrechtlichen Interessen handeln muß, weil zwar beide Parteien an der Anwendung der lex fori interessiert sind, sie sich aber nicht auf deren Anwendung einigen können.

[139] Zur Koordinationsfunktion des Sachenrechts siehe oben A III 1.1.

[140] So richtig *Flessner*, Rabels Z 34 (1970), 547, 570.

Der prinzipiellen Kompetenz der lex fori sind allerdings von Louis-Lucas mehrere theoretische[141] Argumente entgegengehalten worden[142]. Die Berücksichtigung ausländischen Rechts nur bei Berufung auf seine Geltung durch eine Partei soll logisch nicht haltbar sein, weil dann das IPR im Falle, daß das einheimische Recht von ihm berufen wird, eine Ordnung vorgäbe, die eingehalten werden müßte, bei einer Berufung ausländischen Rechts die Ordnung eingehalten, aber auch übertreten werden könnte[143]. Die Aufgabe des IPR sei es aber, zwischen mehreren Gesetzgebungen auszuwählen[143]. Eine Wahl sei aber nur ausgeglichen, wenn die Gegebenheiten zwischen denen ausgewählt würde, gleicher Natur seien[143]. Man mag mit Louis-Lucas der Meinung sein, daß der Kollisionsrechtsgesetzgeber in- und ausländisches Recht gleich behandeln soll. Aus der Sachlogik läßt sich die Unhaltbarkeit einer prinzipiellen Kompetenz der lex fori aber nur ableiten, wenn es nicht gelingt, die Anwendung ausländischen Rechts vor einheimischen Gerichten aus einer auf die Prozeßparteien bezogenen kollisionsrechtlichen Interessenperspektive zu begründen, so daß es der Disposition der Prozeßparteien überlassen bleiben kann, ob ausländisches Recht angewandt wird[144]. Zumindest im Bereich vertragsrechtlicher Streitigkeiten läßt sich aber eine solche Dispositionsbefugnis nicht leugnen. Es ist aus Gründen der Natur der Sache nicht ausgeschlossen, daß eine Rechtsordnung die Anwendung ausländischen Vertragsrechts nur vorschreibt, wenn ein Vertragspartner im Prozeß sein Vertrauen auf die Geltung des ausländischen Rechts geltend macht. Ebenso wenig besticht das zweite von Louis-Lucas gegen die prinzipielle Kompetenz der lex fori vorgebrachte und von ihm als „juristisch" bezeichnete Argument[145]. Unhaltbar soll es sein, eine Kollisionsnorm als zwingend zu interpretieren, wenn sie auf einheimisches Recht verweist, ihren zwingenden Charkater aber im Falle einer Berufung ausländischen Rechts zu verneinen[146]. Die Berufung einer Rechtsordnung durch eine Kollisionsnorm könne immer nur dieselbe Bedeutung haben[146]. Dieses Argument überzeugt nur, wenn die Anwendung der lex fori gerade auf der eigentlichen Kollisionsnorm beruht, die zwischen den verschiedenen Ge-

---

[141] *Louis-Lucas*, Rev.Crit. 1959, 405 ff.

[142] Die darüber hinausgehenden praktischen Gesichtspunkte (*Louis-Lucas*, a.a.O., S. 415) können außer Betracht bleiben, da allein die logische Vereinbarkeit der prinzipiellen Kompetenz der lex fori, nicht aber deren rechtspolitische Angemessenheit hier im Raum steht.

[143] *Louis-Lucas*, a.a.O., S. 411.

[144] Daß Privatrechtssubjekte nur über eigene Interessen disponieren dürfen, wurde oben im 1. Abschnitt, B I ausgeführt.

[145] *Louis-Lucas*, Rev.Crit. 1959, 405, 413 ff.

[146] *Louis-Lucas*, a.a.O., S. 413.

setzgebungen die Kompetenzen paritätisch verteilt. Führt dagegen eine spezielle, den Zuständigkeitsvorschriften entnommene Anweisung grundsätzlich zur lex fori, beschreibt die eigentliche Kollisionsnorm nur die Fälle, in denen die Prozeßparteien einen berechtigten Anspruch auf Geltung einer ausländischen Rechtsordnung haben oder nicht. Dann wird an die Kollisionsnorm aber nicht zweierlei Maß angelegt.

Zusammenfassung

Jedenfalls soweit privatautonomes Handeln in Rede steht, ist das Prozeßrecht Schlüssel für die Beantwortung kollisionsrechtlicher Fragen. Das Denken in Prozeßverhältnissen ist auch für das Kollisionsrecht zumindest im Ansatz maßgeblich. Die Bewertungen der räumlichen Nähe durch das internationale Zuständigkeitsrecht sind auch im Kollisionsrecht von entscheidender Bedeutung. Dieser Zusammenhang von Prozeß- und Kollisionsrecht, der hier als Gleichlauf verstanden wird[147], läßt sich für die Parteiautonomie wie folgt näher beschreiben:

Autonomes Handeln ist nur möglich, soweit es nicht zur Fremdbestimmung führt. Die Grenze zwischen Selbst- und Fremdbestimmung im internationalen Privatrecht weist das Prozeßrecht. Fremde Prozeßrechtsverhältnisse sind dem Einfluß des bzw. der Rechtswählenden entzogen. Parteiautonomie im internationalen Sachenrecht ist deshalb abzulehnen. Die an einer Verfügung Beteiligten können deren Wirksamkeit nicht verbindlich für Dritte regeln. Im Bereich vertraglicher Streitigkeiten geht es um die materiellrechtlichen Interessen der Prozeßparteien. Diese vermögen den Bewertungsmaßstab zusätzlich zu einer bereits bestehenden Dispositionsbefugnis nach den materiellrechtlichen Vorschriften der anzuwendenden Rechtsordnung durch Auswahl der Rechtsordnung der Staaten zu beeinflussen, deren Gerichte für den erhobenen oder mit diesem verbundenen, insbesondere synallagmatisch verknüpften Anspruch zuständig sind. Diese Überlegung erlaubt auch eine systemkonforme Beschränkung der Parteiautonomie in sozialmotivierten Rechtsbereichen. Entsprechend den Wertungen des internationalen Zuständigkeitsrechts, das Streitigkeiten in diesen Bereichen zwingend und ausschließlich bestimmten Gerichten zuordnet, kann durch Rechtswahl die Position des sozial schwächeren Parts nicht verschlechtert werden.

Im Deliktstatut steht weniger die Frage der Zulässigkeit der Rechtswahl als die Erstreckung einer im Zusammenhang mit dem Abschluß eines Ver-

---

[147] Zur Abgrenzung von der herkömmlichen Gleichlaufthese (1. Abschnitt, C II. 2. bei Fn. 64).

trages erfolgten Rechtswahl auf deliktische Ansprüche, die mit der Verletzung vertraglicher Pflichten einhergehen, zur Diskussion. Widerspruchsfrei verhilft auch hier die Übertragung prozessualer Wertungen ins Kollisionsrecht zu einer Lösung. Erfassen die Zuständigkeitsvorschriften, die nach vorstehenden Ausführungen die Wahl der ausgesuchten Rechtsordnung erlauben, einen Anspruch in vertragsrechtlicher als auch deliktischer Hinsicht, umfaßt die Rechtswahl auch das Deliktstatut.

Über die Gleichlaufthese lassen sich auch die Anknüpfung des Vertragsstatuts an einen geäußerten Willen und die bei fehlender Rechtswahl aufeinander abstimmen. In beiden Fällen geht es um die Auswahl der Rechtsordnungen aus dem Kreis der Staaten, deren Gerichte für den aus dem Vertragsverhältnis fließenden Anspruch bzw. Gegenanspruch zuständig sind. Kann ein diesbezüglicher Wille der Parteien festgestellt werden, wird an diesen angeknüpft. Andernfalls wird ermittelt, welche Rechtsordnung konsensfähig ist. Dabei ist aus den Zuständigkeitsvorschriften der Staat zu ermitteln, dessen Gerichte sowohl für den Anspruch als auch für den Gegenanspruch zuständig sind bzw. wären, falls ein solches Vertragsforum bestimmt werden müßte.

Der Gedanke, daß die Zuständigkeit eines Gerichts zugleich die Bewertung der räumlichen Nähe des erhobenen Anspruchs zu der Heimatrechtsordnung des angerufenen Gerichts enthält, ohne daß dieses Näheverhältnis wegen gegenständlicher und zeitlicher Besonderheiten, die bei der Abfassung einer Kollisionsnorm zu beachten sind, in der Kollisionsnorm einen sichtbaren Niederschlag gefunden haben muß, läßt schließlich die Wahl der Prozeßparteien zwischen der lex fori und dem von der Kollisionsnorm berufenen Recht grundsätzlich möglich erscheinen. Lediglich wenn die Kollisionsnorm Gesichtspunkte enthält, die der Dispositionsbefugnis der Prozeßparteien auch entzogen sind, obwohl die Entscheidung nur zwischen den Prozeßparteien ergeht, bleibt es bei der Anwendung der von der Kollisionsnorm berufenen Rechtsordnung. Insbesondere wenn die Bewertung der räumlichen Nähe des erhobenen Anspruchs durch das Zuständigkeitsrecht in eine paritätische Verteilung der Gesetzgebungskompetenzen durch das Kollisionsrecht einfließt, ist grundsätzlich die von der Kollisionsnorm bestimmte Rechtsordnung anzuwenden mit der Möglichkeit der Parteien, zugunsten der lex fori zu optieren. Andernfalls bleibt es bei der Anwendung der lex fori, solange eine Partei sich nicht auf eine andere Rechtsordnung berufen.

Zweiter Teil
Die Praxis der Parteiautonomie

Erster Abschnitt
Die Zulässigkeit der Rechtswahl

A. Die Grenzen der Rechtswahl im Vertragsstatut

Der Parteiwille bildet sowohl im deutschen als auch französischen Internationalen Vertragsrecht einen unbestrittenen Anknüpfungsfaktor[1]. Weniger die Zulässigkeit der Rechtswahl als deren Grenzen stehen deshalb im Mittelpunkt gesetzgeberischer Normierungen und der Rechtsprechung.

I. Deutsches Internationales Privatrecht

1. Art. 27 Abs. 3 EGBGB

Seit der am 1.9.1986 in Kraft getretenen Reform des Internationalen Privatrechts ist vorgeschrieben, daß von den zwingenden Bestimmungen eines Staates durch Rechtswahl nicht abgewichen werden kann, wenn der Sachverhalt nur mit einer Rechtsordnung verbunden ist, auch wenn die Rechtswahl durch eine Vereinbarung der Zuständigkeit der Gerichte eines anderen Staates ergänzt ist. Gilt damit der Umkehrschluß, daß in den übrigen Fällen von den zwingenden Vorschriften jeder Rechtsordnung abgewichen werden kann?[2] Dann könnten zwei Ausländer mit Wohnsitz im Inland ihren Ver-

---

[1] Im deutschen Recht ist nunmehr die Anknüpfung an den Parteiwillen in Art. 27 Abs. 1 Satz 1 EGBGB geregelt. Die in Frankreich verbreitete Lokalisierungstheorie Batiffols betrachtet den Parteiwillen zwar expressis verbis nicht als Anknüpfungsfaktor (siehe 1. Teil, 1. Abschnitt, A I 1.), aber auch nach ihr ist grundsätzlich die Rechtsordnung maßgeblich, in der die Parteien den Vertrag lokalisieren (*Batiffol*, Mélanges Maury, S. 39, 54).

[2] Dafür *Sandrock*, RIW 1986, 841, 847 unter Hinweis auf die Entstehungsgeschichte der Vorschrift. Art. 27 Abs. 3 EGBGB ist aus dem EG-Übereinkommen über das auf vertragliche Schuldverhältnisse anzuwendende Recht übernommen worden (siehe dort Art. 3 Abs. 3). Der Bericht zum Übereinkommen weist Art. 3 Abs. 3 als einen Kompromiß zwischen der Ansicht, daß auch in internen Fallgestaltungen die Befugnis zur

trag, der keine Wertbewegungen im Ausland auslöst, ausländischem Recht unterstellen, obwohl nach § 38 ZPO die Zuständigkeit ausländischer Gerichte nicht vereinbart werden kann, falls es sich um Nichtkaufleute handelt[3], und auch keine sonstige Zuständigkeit ausländischer Gerichte ersichtlich ist.

Dennoch wird auch bei dieser Auslegung der neuen Bestimmung des deutschen Internationalen Privatrechts der Gleichlauf zum Zuständigkeitsrecht gewahrt. Art. 27 Abs. 3 EGBGB, der Art. 3. Abs. 3 des EG-Übereinkommens vom 19.6.1980 über das auf Schuldverträge anzuwendende Recht entspricht, ist europäischen Ursprungs. Die europäische Zuständigkeitsordnung läßt in Art. 17 GVÜ die Vereinbarung der Zuständigkeit ausländischer Gerichte zu, ohne daß der Wortlaut der Bestimmung eine Einschränkung der Prorogationsbefugnis erkennen läßt. Zwar spricht einiges dafür, daß Art. 17 GVÜ nur gilt, wenn das zugrundeliegende Geschäft internationale Bezüge aufweist[4]. Die inhaltliche Präzisierung dieses Merkmals geht nun aber dahin, daß der Wohnsitz beider Parteien im Inland die Anwendung der Bestimmung nicht ausschließt[5]. Vielmehr soll nur bei fehlender tatsächlicher Auslandsbeziehung die weite Prorogationsbefugnis des Art. 17 nicht eingreifen[6].

2. Der zwingende Anwendungsbereich deutscher klassischer Privatrechtsnormen in der Rechtsprechung und Literatur

2.1. Formvorschriften

a) § 313 BGB

Unter Berufung auf den ordre public hat das OLG Köln in einer Entscheidung vom 23.4.1974 den international zwingenden Anwendungsbereich des § 313 BGB dahin umrissen, daß er Kaufverträge zwischen Inländern über

---

Rechtswahl bestehen soll, sowie der Auffassung aus, daß bei nationalen Fallgestaltungen mittels Rechtswahl auch nicht von den dispositiven Bestimmungen der inländischen Rechtsordnung abgewichen werden darf (*Guiliano* in Guiliano/Lagarde, Nr. C 282/18). Dann sollte in den übrigen Fällen Rechtswahl offensichtlich zulässig sein.

[3] Kaufleute können dagegen die Zuständigkeit ausländischer Gerichte vereinbaren, auch wenn sie beide im Inland ihren Wohnsitz haben (*Kropholler:* Handbuch, Rz. 498 m.w.N. in Fn. 1133; *Geimer:* IZPR, Rz. 1606).

[4] Dafür *Schlosser*, Rz. 174; *Samtleben*, NJW 1974, 1590, 1956; a.A. *Kohler*, IPrax 1983, 265, 266; *von Hoffmann*, AWD 1973, 57, 63; *Geimer/Schütze*, § 96 XX 6.b); siehe auch Nachweise bei *Müller* in Bülow/Böckstiegel, B I e, Art. 17 III 3 c Fn. 84.

[5] *Samtleben*, a.a.O., S. 1594.

[6] a.a.O., S. 1596.

A. Die Grenzen der Rechtswahl im Vertragsstatut

ein inländisches Grundstück umfaßt[7]. Beachtet man die geringe Ausdehnung, die § 313 BGB durch diese Entscheidung im internationalen Bereich erfährt, dürfte die Berufung auf den ordre public als Mittel der Durchsetzung materieller Gerechtigkeit verfehlt sein. Eine solche Relativität des Gerechtigkeitsgehalts des § 313 BGB läßt sich schwerlich mit der Vorstellung vereinbaren, die Vorschrift zähle zu den unverzichtbaren Normen unserer Privatrechtsordnung. Dagegen spricht auch, daß die Norm nur indirekt der materiellen Vertragsgerechtigkeit zur Durchsetzung verhilft. Formvorschriften erfüllen eine Seriositätsfunktion[8]. Sie sollen geschäftlich unerfahrene Personen vor Übereilung schützen, indem sie ihnen die Möglichkeit zu besonnener Überlegung geben und damit die Voraussetzungen schaffen, unter denen ein Geschäft als vermutlich ernsthaft gemeint auf rechtliche Anerkennung zählen kann[9]. Daher ist es angemessener, die Entscheidung des OLG Köln als eine Konkretisierung des für eine Abweichung von inländischen Gerechtigkeitsvorstellungen mittels Rechtswahl erforderlichen Auslandsbezugs des Sachverhalts anzusehen.

Stimmt man dieser Interpretation der Entscheidung zu, stellen sich die Anforderungen an den Auslandsbezug bei Zugrundelegung der Gleichlaufthese wie folgt dar: Versteht man unter der Inländereigenschaft der Vertragsparteien, daß diese ihren Wohnsitz in Deutschland haben[10], harmoniert die Einräumung der Rechtswahlbefugnis in Fallgestaltungen, an denen ein Ausländer beteiligt ist, mit der Regelung des § 38 Abs. 2 ZPO[11]. Sobald eine Partei im Ausland wohnt, können Gerichtsstandsvereinbarungen getroffen werden. Wohnen beide Parteien im Inland, können ausländische Gerichte zur Beurteilung von Ansprüchen aus dem Kaufvertrag im Regelfall nur bei

---

[7] OLG Köln IPRspr. 1974 Nr. 15, S. 54 f. = RIW 1975, 350 f. Das RG hatte bereits 1906 entschieden, daß die Vorschrift des § 313 BGB nicht über den ordre public eingreift, wenn das verkaufte Grundstück sich im Ausland befindet (RGZ 63, 18, 20). In RGZ 121, 154, 156 f. hatte das RG 1926 ausgeführt, daß über den ordre public Art. 11 Abs. 1 Satz 2 EGBGB, nach dem die Wahrung der Ortsform zur Wirksamkeit des Geschäfts genügt, nicht eingeschränkt werden kann. Der Verbindlichkeit eines in der Tschechoslowakei abgeschlossenen Kaufvertrages über ein in Berlin gelegenes Grundstück stand daher nicht entgegen, daß die Form des § 313 BGB nicht eingehalten war.

[8] *Zweigert/Kötz*, S. 55.

[9] a.a.O.

[10] Ob das OLG mit Inländern deutsche Staatsangehörige, Personen mit Wohnsitz in Deutschland oder gar deutsche Staatsangehörige mit Wohnsitz im Inland meinte, kann der Entscheidung nicht entnommen werden.

[11] Da ein spanisches Grundstück von einer spanischen Gesellschaft an einen Deutschen unter Vereinbarung spanischem Recht verkauft wurde, brauchte das Gericht die Wertungen des GVÜ nicht zu beachten. Selbst wenn der Rechtsstreit zeitlich bereits vom GVÜ erfaßt war, wäre eine Vereinbarung der Zuständigkeit spanischer Gerichte nicht unter Art. 17 GVÜ gefallen. Spanien war nicht Vertragsstaat. Art. 17 GVÜ ist seinem klaren Wortlaut nach nicht anwendbar auf die Vereinbarung der Zuständigkeit eines Gerichts eines Nichtvertragsstaates.

Klagen auf Übereignung eines im Ausland gelegenen Grundstücks in spiegelbildlicher Anwendung des § 29 ZPO zuständig sein[12]. Kann aber die Verkäuferpflicht der Rechtsordnung des Belegenheitsstaates unterstellt werden, muß gleiches infolge der synallagmatischen Verknüpfung für die Zahlungspflicht gelten. Liegt das Grundstück bei einem Kaufvertrag zwischen zwei Inländern im Inland, kommt eine Erfüllungsortzuständigkeit ausländischer Gerichte auch dann nicht in Betracht, wenn die Parteien für den Kaufpreis einen ausländischen Erfüllungsort vereinbaren. Die Vereinbarung ist nach § 29 Abs. 2 ZPO, soweit es sich nicht um Kaufleute handelt, unwirksam[13]. Die möglicherweise nach § 23 ZPO zu bejahende Zuständigkeit ausländischer Gerichte kann die Zulässigkeit der Rechtswahl nicht beeinflussen. Sie beruht nicht auf einer Bewertung der räumlichen Nähe des Sachverhalts, sondern dient den Vollstreckungsinteressen des Klägers[14].

Vorbehaltlich einer anderen Interpretation der Inländereigenschaft verwirklichte das OLG Köln daher den Gleichlauf. Heute kann infolge Art. 27 Abs. 3 EGBGB allerdings einer Rechtswahl bereits dann nicht mehr die Anerkennung verwehrt werden, wenn eine Partei eine ausländische Staatsangehörigkeit hat, auch wenn sie im Inland wohnt.

b) § 518 BGB

Hierzu liegen keine Entscheidungen vor. Firsching hat sich mit einigen Fallgestaltungen beschäftigt[15]. Konsequent im Sinne des Gleichlaufs ist es, wenn er einen Dänen, der sich in Deutschland studienhalber aufhält und deshalb hier keinen Wohnsitz hat[16], bei Wahl dänischen Rechts aus einem brieflichen Schenkungsversprechen verpflichtet erachtet und eine zwingend Geltung des § 518 BGB ablehnt[17]. Nach dänischem Recht ist das Schenkungsversprechen anders als nach § 518 BGB gültig. Dem Gleichlauf entspricht es ebenso, wenn ein in der Schweiz wohnhafter Deutscher sich infolge Wahl schweizerischen Rechts durch ein briefliches Schenkungsver-

---

[12] Die Annerkennungszuständigkeit ausländischer Gerichte ergibt sich nach § 328 Abs. 1 Nr. 1 ZPO für das autonome IZPR durch spiegelbildliche Anwendung der Vorschriften über die eigenstaatliche internationale Zuständigkeit.

[13] § 29 Abs. 2 ZPO entfaltet auch in bezug auf die internationale Zuständigkeit Wirkung (*Geimer:* IZPR, Rz. 1490).

[14] Ein Gleichlauf von kollisionsrechtlicher und zuständigkeitsrechtlicher Lokalisierung kommt nur insoweit in Betracht, als das Zuständigkeitsrecht Ansprüche den Gerichten zuordnet, zu denen der Sachverhalt räumliche Verbindungen aufweist (siehe 1. Teil, 1. Abschnitt, C II bei Fn. 55 ff.).

[15] *Staudinger/Firsching,* Art. 11, Rz. 46 ff.

[16] *Palandt/Heinrichs,* § 7 BGB, Anm. 2a.

[17] *Staudinger/Firsching,* Art. 11, Rz. 46.

sprechen wirksam verpflichten kann[18]. In beiden Fällen befindet sich der Wohnsitz des Schenkers in dem Staat, dessen Recht gewählt wurde. Dann sind in spiegelbildlicher Anwendung des § 12 ZPO die Gerichte dieses Staates zuständig. Nicht so ohne weiteres für die Gleichlaufthese gewinnen läßt sich dagegen die Mißbilligung der Wahl schweizerischen Rechts durch Firsching im Falle, daß ein in München wohnhafter Deutscher seiner in der Schweiz lebenden Schwester ein Schenkungsversprechen abgibt[19]. Nach § 38 Abs. 2 ZPO hätten die Vertragspartner auch die Zuständigkeit der schweizerischen Gerichte vereinbaren können, es sei denn, man nimmt einseitig verpflichtende Verträge aus dem Anwendungsbereich des § 38 Abs. 2 ZPO, jedenfalls soweit es sich um Schenkungen handelt[20], heraus. Firsching selbst gibt für den Ausschluß der Rechtswahl keine nähere Begründung.

Firschings Auffassung dürfte nach der Reform des IPR nicht mehr aufrechtzuerhalten sein. Der von Art. 27 Abs. 3 EGBGB geforderte Auslandsbezug kann nicht verneint werden. Dies muß auf jeden Fall gelten, wenn man der Gleichlaufthese folgt. Auch bei Schenkungen, die in den Anwendungsbereich des GVÜ fallen[21], sind den Vertragspartnern die Prorogationsmöglichkeiten des Art. 17 GVÜ gegeben.

c) § 766 BGB

Auch hier fehlt es an Gerichtsentscheidungen. Wiederum hat Firsching eine hier interessierende Fallgestaltung abgehandelt[22]. Ein in Hamburg wohnhafter Schweizer, ein Privatmann, verbürgt sich telegrafisch einem in der Schweiz wohnhaften Gläubiger seines gleichfalls in der Schweiz wohnhaften Bruders. Es wird unterstellt, daß, wie die Haupt-, so auch die Bürgschaftsschuld unter schweizerischem Recht steht. Nach letzterem ist die Bürgschaft formgültig. Firsching sieht keinen Grund, deutsches Recht zwingend heranzuziehen[23]. Da auch die Bürgschaft einen einseitig verpflichtenden Vertrag darstellt, könnte man geneigt sein, entsprechend den Überlegungen zum Schenkungsversprechen die Wahl einer anderen Rechtsordnung als der, die am Wohnsitz des Bürgschaftsschuldners herrscht, abzulehnen. Anders muß man sich aber entscheiden, wenn man in einem

---

[18] So auch *Firsching*, a.a.O., Rz. 47.
[19] a.a.O., Rz. 48.
[20] Siehe zur Bürgschaft unter c).
[21] *Kropholler:* Europ. ZPR, Art. 1, Rz. 27.
[22] *Staudinger/Firsching*, Art. 11, Rz. 46.
[23] a.a.O.

Schuldbeitritt eine Unterwerfung unter die für die Hauptschuld geltende Gerichtsstandsvereinbarung sieht[24], so daß der Beitretende einer ausländischen Gerichtsbarkeit unterliegen kann, ohne daß die Voraussetzungen des § 38 Abs. 2 ZPO im Verhältnis zwischen ihm und dem Gläubiger vorliegen müssen. Dann muß es möglich sein, sich als Bürge den Gerichten, deren Zuständigkeit für die Hauptschuld vereinbart worden ist, und entsprechend dem Gleichlauf dem vereinbarten Statut der Hauptschuld zu unterwerfen. Ebenso wie der Schuldbeitritt beinhaltet die Bürgschaft das Einstehen für eine fremde Schuld[25] und unterscheidet sich dadurch von dem ebenfalls einseitig verpflichtenden Schenkungsversprechen. Im übrigen dürften seit dem Inkrafttreten des Art. 27 Abs. 3 EGBGB keine Zweifel mehr daran bestehen, daß die Formwirksamkeit des Bürgschaftsvertrages in dem von Firsching gebildeten Fall sich ausschließlich nach schweizerischem Recht beurteilt.

2.2 Privatrechtsnormen mit elementarem Gerechtigkeitsgehalt

a) Anfechtung wegen arglistiger Täuschung oder Drohung

Wie bei den Formvorschriften kommt es bei den zwingend ausgestalteten Regeln über die Anfechtung wegen arglistiger Täuschung oder Drohung nicht zu einer Überprüfung des Vertragsinhaltes am Prinzip der ausgleichenden Gerechtigkeit. Es wird nur darauf abgestellt, daß der Vertrag formell nicht ordnungsgemäß zustandekam. Andererseits ist bei einem durch arglistige Täuschung oder Drohung herbeigeführten Vertragsabschluß die Wahrscheinlichkeit einer unvernünftigen vertraglichen Regelung wesentlich höher, wenn nicht sogar immer gegeben. Wozu hätte es sonst der Täuschung bzw. Drohung bedurft? Ausländische Bestimmungen, die dies nicht beachten, verletzen deshalb den ordre public. In einem Rechtsstreit zwischen deutschen Matrosen und ihrem türkischen Arbeitgeber hat das RG am 30.10.1926 ausgeführt: „Das angefochtene Urteil geht mit Recht davon aus, daß der Schutz des freien Willens in den Bestimmungen der § 123, 124 BGB grundsätzlich angesprochen sei. Es folgert daraus, daß eine diesen Schutz einschränkende fremdländische Bestimmung gegen den Zweck dieser deutschen Rechtsbestimmungen verstoße. . . . Seine . . . Ausführungen sind rechtsirrtumsfrei."[26]

---

[24] So *Geimer*, NJW 1986, 1438, 1439.
[25] *Scheyhing* in Nörr/Scheyhing, S. 408.
[26] RG IPRspr. 1928 Nr. 6, S. 21.

b) Wucher

Als wucherische Geschäfte sind nach 138 Abs. 2 BGB solche anzusehen, bei denen eine ungleiche Verhandlungsmacht der Vertragspartner dazu führt, daß der schwächere Vertragspartner verspricht, eine Leistung zu erbringen, die im auffälligen Mißverhältnis zur Gegenleistung steht. Ein solcher Vertrag ist mit dem Prinzip der ausgleichenden Gerechtigkeit nicht vereinbar. Ein ausländisches Gesetz, das dennoch zur Wirksamkeit des Vertrages kommt, ist ordre-public-widrig, „denn", wie das RG am 26.5.1900 bei einer Klage auf Feststellung der Nichtigkeit eines Vertrages wegen Wuchers erklärte, „die Gerichte sind nicht in der Lage, Rechtsverhältnissen, die nach den Gesetzen ihres Landes aus Gründen ... der Sittlichkeit für unstatthaft gesehen werden, rechtlichen Schutz zu gewähren."[27]

3. Geschäftsfähigkeit

Art. 7 Abs. 1 EGBGB unterstellt die Geschäftsfähigkeit einer Person dem Recht des Staates, dem die Person angehört und nimmt richtigerweise die Geschäftsfähigkeit, die anders als z. B. die Formvorschriften nicht nur die Wirksamkeit des materiell-rechtlichen Vertrages, sondern auch die der Rechtswahl berührt, aus dem allgemeinen Vertragsstatut heraus. Ob die Festlegung des Geschäftsfähigkeitsstatuts auch der oben angedeuteten Analyse der Gerichtszuständigkeiten[28] entspricht, soll nicht weiter problematisiert werden. In Anbetracht der klaren gesetzgeberischen Regelung ist ein Eingehen auf diese Frage ohne praktische Relevanz.

4. Zwingender Anwendungsbereich sozialmotivierter Normen des Sonderprivatrechts

4.1. Autonomie im Internationalen Arbeitsrecht

Nach Art. 30 Abs. 1 EGBGB darf mittels Rechtswahl Arbeitnehmern nicht der Schutz entzogen werden, den ihnen die zwingenden Bestimmungen des Rechts gewähren, das nach Abs. 2 desselben Artikels mangels einer Rechtswahl anzuwenden wäre. Nach Abs. 2 unterliegen mangels Rechtswahl Arbeitsverträge dem Recht des Staates, in dem der Arbeitnehmer in Erfüllung des Vertrages gewöhnlich seine Arbeit verrichtet, oder, sofern dieser seine Arbeit gewöhnlich nicht in ein und demselben Staat verrichtet, dem Recht des Staates, in dem sich die Niederlassung befindet, die den

---

[27] RGZ 46, 111, 114.
[28] Siehe 1. Teil, 2. Abschnitt, A I 2.3.

Arbeitnehmer eingestellt hat, es sei denn, daß sich aus der Gesamtheit der Umstände ergibt, daß der Arbeitsvertrag engere Verbindungen zu einem anderen Staat aufweist. Im folgenden soll der (zwingenden) Lokalisierung von Arbeitsverhältnissen im Zuständigkeitsrecht sowie der sich daraus ergebenden Folgerungen für die Auslegung des Art. 30 nachgegangen werden.

a) Zuständigkeitsvereinbarungen in Arbeitssachen

Der Gleichlauf zwischen Zuständigkeits- und Kollisionsrecht erscheint im Internationalen Arbeitsrecht in Gefahr, da Art. 17 GVÜ keine Begrenzungen für Zuständigkeitsvereinbarungen mit Arbeitnehmern vorsieht[29]. Dieser Zustand hinterläßt Bedenken[30], zumal nach dem Willen der Verfasser des GVÜ Arbeitsverträge nicht auf Dauer der weiten Prorogationsbefugnis des Art. 17 GVÜ unterliegen sollen[31]. Auf eine Beschränkung der Prorogationsbefugnis wurde verzichtet, weil man den Arbeiten am Abkommen über das auf schuldvertragliche Beziehungen anzuwendende Recht[32] nicht zuvorkommen wollte. Die Rücksicht erschien erforderlich, weil man es für „im höchsten Maße wünschenswert" hielt, daß Streitigkeiten im Zusammenhang mit einem Arbeitsvertrag vor den Gerichten des Staates ausgetragen werden, dessen Recht für den Vertrag maßgebend ist. Deshalb sollte nach Abschluß der Arbeiten am Abkommen über das auf Schuldverträge anzuwendende Recht das GVÜ entsprechend geändert werden[33]. Die Zulässigkeit von Gerichtsstandsverbeinbarungen in Arbeitsverträgen nach Art. 17 GVÜ ist daher nicht geeignet, am Gleichlaufprinzip zu rütteln.

Das BAG hat Zuständigkeitsvereinbarungen, soweit sie nach dem autonomen deutschen Zivilprozeßrecht zu beurteilen waren, noch niemals die Anerkennung versagt. Es hat sich aber vorbehalten, eine Vereinbarung der Zuständigkeit ausländischer Gerichte als unwirksam zu betrachten, wenn es im Einzelfall zum Schutze des Arbeitnehmers geboten ist, daß der Rechtsstreit vor deutschen Gerichten geführt wird[34]. Ein solches Schutzbedürfnis

---

[29] *Kropholler:* Europ. ZPR, Art. 17, Rz. 73.

[30] a.a.O., Rz. 74.

[31] Siehe zum folgenden *Jenard,* S. 24.

[32] Dem späteren Römischen EWG-Übereinkommen über das auf vertragliche Schuldverhältnisse anzuwendende Recht vom 19. Juni 1980.

[33] Vgl. auch die unter Fn. 43 besprochene Entscheidung Ivenel/Schwab des EuGH. Der EuGH nahm die zwischenzeitlich erfolgte Abfassung eines Übereinkommens über das auf vertragliche Schuldverhältnisse anzuwendende Recht zum Anlaß, einen Gleichlauf zwischen Zuständigkeit und anwendbarem Recht bei Arbeitsverträgen herzustellen, in dem er entsprechend Art. 6 des Übereinkommens im Rahmens des Art. 5 Abs. 1 GVÜ auf den Erfüllungsort der charakteristischen Leistung abstellte.

[34] BAG v. 20.7.1970 = BAGE 22, 410, 413 = NJW 1970, 2180 = AWD 1970, 577, 578 = AP Nr. 4 zu § 38 ZPO = SAE 1971, 178, 179 = IPRspr. 1970 Nr. 109 c, S. 360.

A. Die Grenzen der Rechtswahl im Vertragsstatut

hat es verneint im Falle eines Arbeitsvertrages zwischen einer schweizerischen Gesellschaft und einem Deutschen, der bereits im Zeitpunkt der Arbeitsaufnahme seinen Wohnsitz in Genf hatte. Dort hatte er auch seine Arbeit zu erbringen[35]. Ebensowenig hatte das BAG insoweit etwas gegen die Vereinbarung der Zuständigkeit libanesischer Gerichte einzuwenden in einem Vertrag zwischen einem Deutschen, der in Beirut seinen ersten Wohnsitz hatte, und einer libanesischen Fluggesellschaft, die den Deutschen als Flugkapitän angestellt hatte[36]. In beiden Fällen fehlte es bereits, wenn man die Gerichtsstandsvereinbarung außer acht läßt, infolge des ausländischen Wohnsitzes des Arbeitnehmers an der ausschließlichen Zuständigkeit deutscher Gerichte für Klagen gegen den Arbeitnehmer. Ebensowenig konnten deutsche Gerichte für Klagen gegen den Arbeitgeber in Anspruch genommen werden, weil dieser weder eine Niederlassung im Inland hatte, auf deren Geschäftsbetrieb der Vertrag sich bezog, noch die Arbeit im Inland zu erbringen war, so daß deutsche Gerichte auch nicht aufgrund eines im Inland belegenen Erfüllungsortes als zuständig angesehen werden konnten. Dagegen waren deutsche Gerichte ∠ soweit man wiederum die Gerichtsstandsvereinbarung außer acht läßt – für Klagen gegen den deutschen Arbeitnehmer ausschließlich und für Klagen gegen den ausländischen Arbeitgeber über den Gerichtsstand der Niederlassung zuständig in einem dem LAG Düsseldorf-Köln vorgelegten Sachverhalt. Dort war der Kläger bei einer unselbständigen Niederlassung des beklagten französischen Unternehmens in Köln als Verkaufsfahrer beschäftigt worden. Entsprechend den Ausführungen im 1. Teil, 2. Abschnitt B II 5 war dann in Köln das normative Vertragsforum angesiedelt.Das Gericht maß der Klausel, nach der französische Gerichte zuständig sein sollten, keine Wirkung zu[37].

Von den rechtswissenschaftlichen Autoren hat sich besonders Trinkner mit den unterschiedlichen Freiheiten bei Gerichtsstandsvereinbarungen für zivil- und arbeitsrechtliche Streitigkeiten beschäftigt[38]. Während die für die Vereinbarung der Zuständigkeit ausländischer Gerichte erforderliche Auslandsberührung in einem Zivilrechtsstreit bereits dann gegeben sei, wenn

---

[35] Siehe BAGE 22, 410, 416 = NJW 1970, 2180, 2181 = AP Nr. 4 zu § 38 ZPO = SAE 1971, 178, 180 = IPRspr. 1970 Nr. 109 c, S. 363.

[36] BAG v. 29.6.1978 = NJW 1979, 1119 = JZ 1979, 647 =AuR 1979, 189 = AP Nr. 8 zu § 38 ZPO = IPRspr. 1978 Nr. 144. In weiteren Entscheidungen, in denen sich das BAG zur grundsätzlichen Zulässigkeit der Vereinbarung der Gerichtszuständigkeiten in arbeitsrechtlichen Streitigkeiten bekannte, ging es nicht um die Derogation, sondern Prorogation deutscher Gerichte (BAG v. 5.12.1966 = BAGE 19, 164 = BB 1967, 416 = AP Nr. 1 zu § 75b HGB = SAE 1967, 276 = IPRspr. 1966-67 Nr. 51; BAG v. 18.12.1967 = WM 1968, 524 = BB 1968, 590 = AP Nr. 11 zu IPR-Arbeitsrecht = SAE 1969, 33 = IPRspr. 66-67 Nr. 52).

[37] LAG Düsseldorf/Köln v. 16.5.1972 = NJW 1972, 2200 = AWD 1973, 31, 32 = DB 1972, 1347 f. = IPRspr. 1972 Nr. 374, S. 376.

[38] *Trinkner*, AWD 1973, 31, 33 f.

subjektive Gesichtspunkte, wie Wohnsitz und Staatsangehörigkeit eines Vertragspartners auf das Ausland verweisen, sei bei einer arbeitsrechtlichen Streitigkeit erforderlich, daß objektive – sprich vertragsimmanente – Kriterien auf das Ausland hinweisen[39]. Dies sei der Fall, wenn durch den Vertrag Wertbewegungen ausgelöst werden, die den Bereich einer Rechtsordnung überschreiten[40]. Die von Trinkner befürwortete Zweiteilung, nämlich Bestimmung des Auslandbezugs bei Zivilrechtsstreitigkeiten nach subjektiven, bei einem Arbeitsrechtsstreit nach objektiven Kriterien, ist aber mit Vorsicht zu genießen. Die Zivilprozeßordnung bietet keinerlei Anhaltspunkte für die Angemessenheit einer solch apriorischen Differenzierung[41]. Vielmehr folgt aus den in verschiedenen Staaten belegenen Wohnsitzen bzw. Sitzen der Vertragspartner eine Gleichberechtigung der Gerichte beider Staaten, so daß die Bestimmung der Gerichte am Sitz bzw. Wohnsitz des Arbeitgebers zum Vertragsforum noch nicht per se unbillig ist. Unbillig wird sie allerhöchstens dann, wenn die Prozeßordnung selbst erkennen läßt, welchem Gericht sie die Funktion des Vertragsforums zuweist[42].

Dabei ist auf eine Entscheidung des EuGH aufmerksam zu machen, die ohne den Vorbehalt der Hypothese die Bildung eines Vertragsforums auf Grund eines einheitlichen Erfüllungsortes für alle arbeitsvertragliche Pflichten erlaubt. Danach ist für Arbeitsverträge als Erfüllungsort für sämtliche Verpflichtungen eines Arbeitsvertrages der Ort anzusehen, an dem die Arbeitsleistung erbracht wird[43]. In der Konsequenz der Entscheidung liegt es, in den Fällen, in denen die Arbeit gewöhnlich nicht in ein und demselben Staat erbracht wird, den maßgeblichen Erfüllungsort am Ort der Niederlassung, die den Arbeitnehmer eingestellt hat, anzusiedeln. Der Anbindung an Art. 6 des Abkommens vom 19.6.1980 über das auf Schuldverträge anzuwendende Recht, die dem EuGH vorschwebte, entspricht es, den Erfüllungsort mit dem nach Art. 6 des Abkommens maßgeblichen Ort gleichzusetzen.

---

[39] a.a.O., S. 33.

[40] a.a.O.

[41] Siehe *Egon Lorenz,* Anmerkung zu BAG AP Nr. 4 zu § 38 ZPO, D III 3 d aa.

[42] Zum Begriff des Vertragsforums und seiner normativen und hypothetischen Ausgestaltung s. o. 1. Teil, 2. Abschnitt, B II 5.

[43] EuGH v. 26.5.1982 = Slg. 1982, 1891 = IPrax 1983, 173 = RIW 1982, 908. Der Tenor der Entscheidung lautet, „daß bei einer Klage, die auf verschiedene Verpflichtungen aus einem Vertretervertrag gestützt ist, der einen Arbeitnehmer an ein Unternehmen bindet, für die Anwendung von Art. 5 Nr. 1 des Brüsseler Übereinkommens diejenige Verpflichtung als maßgeblich anzusehen ist, die für diesen Vertrag charakteristisch ist." (Slg. 1982, 1891 = IPrax 1983, 173, 176 = RIW 1982, 908, 910). Damit ist für den Bereich arbeitsrechtlicher Streitigkeiten die seit der Entscheidung des EuGH vom 6.10.1976 geltende Regel von der Maßgeblichkeit des Erfüllungsortes der einzelnen streitigen Vertragspflicht durchbrochen (Slg. 1976, 1497, 1508 = NJW 1977, 490 = RIW 1977, 42; siehe im übrigen 1. Teil, 2. Abschnitt, B II 5 bei Fn. 105). Entscheidend ist,

b) Folgerungen für Art. 30 EGBGB

Art. 30 EGBGB läßt der Rechtswahl keine schwerpunktbestimmende Funktion mehr[44]. Sie kann nur noch zur Verbesserung der materiell-rechtlichen Position des Arbeitnehmers eingesetzt werden[45]. Die zwingende Lokalisierung eines Arbeitsverhältnisses am Ort, an dem die Arbeitsleistung zu erbringen ist, bzw. am Ort der Niederlassung, die den Arbeitnehmer eingestellt hat, harmoniert mit den zuständigkeitsrechtlichen Bewertungen. Läßt man außer acht, daß Zuständigkeitsklauseln in Arbeitsverträgen nach Art. 17 GVÜ zulässig sind, befindet sich am Arbeitsort bzw. Sitz der Niederlassung auch das Vertragsforum, falls der Arbeitnehmer dort auch wohnt, bzw. das Vertragsforum über den einheitlichen Erfüllungsort gebildet wird. Damit läßt sich zugleich der Anwendungsbereich der Ausweichklausel des Art. 30 Abs. 2 EGBGB bestimmen. Bilden nicht die Gerichte am Ort, an dem die Arbeitsleistung gewöhnlich erbracht wird, bzw. die Gerichte am Sitz der Niederlassung, die den Arbeitnehmer eingestellt hat, das Vertragsforum, greift die Ausweichklausel ein.

Daher ist mit Däubler die Frage nach einer engeren Verbindung zum deutschen Recht aufzuwerfen, auch wenn ein Arbeitnehmer mit Wohnsitz in Deutschland von seiner deutschen Arbeitgeberfirma nicht nur vorübergehend zu einer ausländischen Zweigstelle oder Tochtergesellschaft abgeordnet wird[46]. Ist mit der Entsendung des deutschen Arbeitnehmers kein Wohnsitzwechsel verbunden, führt der deutsche Wohnsitz bzw. Sitz der beiden Vertragspartner dazu, daß nicht nur im Zeitpunkt des Vertragsschlusses das Vertragsforum in Deutschland liegt[47].

„daß Art. 5 Nr. 1 GVÜ vorzugsweise die Zuständigkeit der Gerichte des Landes begründen will, das eine enge Verbindung zu dem Rechtsstreit hat, daß diese Verbindung im Falle eines Arbeitsvertrages namentlich in dem auf diesen Vertrag anwendbaren Recht besteht und daß sich dieses Recht entsprechend der Fortentwicklung der einschlägigen Kollisionsnormen nach der Verpflichtung bestimmt, die für den fraglichen Vertrag charakteristisch ist und normalerweise in der Verrichtung der Arbeit besteht." (Slg. 1982, 1891, 1900 = IPrax 1983, 173, 176 = RIW 1982, 908, 909).

Im Ergebnis läuft diese Entscheidung darauf hinaus, daß bei Arbeitsverträgen ein einheitlicher Erfüllungsort gilt, der vertragsautonom bestimmt wird (in diesem Sinne auch *Schack*, Erfüllungsort Rz. 351). Die vertragsautonome Bestimmung dürfte mit Hilfe der europäischen Kollisionsnorm erfolgen (zur Bedeutung dieser Feststellung zugleich im Text).

[44] *Egon Lorenz*, RIW 1987, 569, 570.

[45] Zum Inhalt des Günstigkeitsprinzips *Egon Lorenz*, a.a.O., S. 577 und *Däubler*, RIW 1987, 249, 253.

[46] *Däubler*, a.a.O., S. 252.

[47] Das Zuständigkeitsrecht lokalisiert den Vertrag im gemeinsamen Wohnsitzstaat der Parteien (siehe 1. Teil, 2. Abschnitt, B II 5. nach Fn. 110).

4.2. Autonomie im Internationalen Verbraucherrecht

a) Art. 29 EGBGB

Art. 29 Abs. 1 EGBGB sieht vor, daß bei Verbraucherverträgen, wie sie in der Bestimmung näher definiert werden, mittels Rechtswahl dem Verbraucher nicht der Schutz entzogen werden kann, den ihm sein Aufenthaltsstaat gewährt, wenn dem Vertragsabschluß ein ausdrückliches Angebot oder eine Werbung in diesem Staat vorausgegangen ist und wenn der Verbraucher in diesem Staat die zum Abschluß des Vertrages erforderlichen Rechtshandlungen vorgenommen hat. Gleiches soll gelten, wenn der Vertragspartner des Verbrauchers oder sein Vertreter die Bestellung des Verbrauchers in diesem Staat entgegengenommen hat, bzw. wenn der Vertrag den Verkauf von Waren betrifft und der Verbraucher vom Aufenthaltsstaat in einen anderen Staat gereist ist und dort seine Bestellung aufgegeben hat, sofern diese Reise mit dem Ziel herbeigeführt worden ist, den Verbraucher zum Vertragsabschluß zu veranlassen.

Mit Art. 29 EGBGB ist die Regelung des Art. 5 des Übereinkommens über das auf Schuldverträge anzuwendende Recht übernommen worden. Das europäische Zuständigkeitsrecht unterwirft in Artt. 13, 14 und 15 GVÜ Streitigkeiten mit Verbrauchern einem besonderen Regime. Der in Art. 14 Abs. 1 GVÜ für den Verbraucher geschaffene Klägergerichtsstand kann nicht abgedungen werden. An diesem Gerichtsstand kann nach Art. 14 Abs. 2 GVÜ der Verbraucher allein verklagt werden. Eine Vereinbarung der Zuständigkeit anderer Gerichte ist nach Art. 15 GVÜ ausgeschlossen.

Die zwingende Lokalisierung der Verbraucherverträge aus zuständigkeitsrechtlicher Sicht deckt sich allerdings nicht ganz mit ihrer kollisionsrechtlichen Behandlung. Zum einen werden Teilzahlungskäufe, nicht anders als in § 6 a AbzG, ohne die in Art. 29 EGBGB aufgestellten Erfordernisse den Regelungen der Artt. 14 und 15 GVÜ unterworfen. Zum anderen ist nicht der gewöhnliche Aufenthalt, sondern der Wohnsitz des Verbrauchers entscheidendes Zuständigkeitskriterium. Die Divergenzen sind von den Verfassern der zeitlich nachfolgenden Bestimmungen des GVÜ zu Verbrauchersachen gesehen worden, ohne daß ihnen die Abweichung in bezug auf Teilzahlungskäufe einer Kommentierung wert erschien[48]. Der Wohnsitz wurde an Stelle des gewöhnlichen Aufenthalts mit Blick auf die Gesamtstruktur des GVÜ gewählt[49]. Die Literatur bedauert die Abweichungen[50].

---

[48] *Schlosser*, Rz. 153.
[49] a.a.O.
[50] *Kropholler:* Handbuch, Rz. 761.

b) § 12 AGBG

Nach § 12 AGBG sind die Vorschriften des AGBG auch für den Fall, daß der Vertrag ausländischem Recht oder dem Recht der Deutschen Demokratischen Republik unterliegt, zu berücksichtigen, wenn der Vertrag aufgrund eines öffentlichen Angebots, einer öffentlichen Werbung oder einer ähnlichen im Geltungsbereich des Gesetzes entfalteten geschäftlichen Tätigkeit des Verwenders zustandekommt und der andere Vertragsteil bei Abgabe seiner auf den Vertragsschluß gerichteten Erklärung seinen Wohnsitz oder gewöhnlichen Aufenthalt im Geltungsbereich dieses Gesetzes hat und seine Willenserklärung im Geltungsbereich dieses Gesetzes abgibt. § 12 AGBG hat seit dem Inkrafttreten des Art. 29 Abs. 1 EGBGB nur noch eine begrenzte Funktion. Er greift ein bei Verträgen nichtkaufmännischer Kunden zu beruflichen Zwecken oder bei von Art. 29 EGBGB nicht erfaßten Geschäftsgegenständen[51].

Im Gegensatz zu Art. 29 EGBGB ist in § 12 AGBG nicht von einer unmittelbaren Anwendung der Vorschriften des AGBG, sondern lediglich deren Berücksichtigung die Rede. Diese Formulierung wurde gewählt, weil eine unmittelbare Anwendung infolge der grundsätzlichen Geltung des ausländischen Rechts nicht für möglich gehalten wurde[52]. Die dogmatische Eingruppierung der Vorschrift ist unklar, weshalb sie in der Literatur heftig kritisiert wird[53].

Teils wird § 12 AGBG als eine besondere Ausformung des ordre public angesehen, weil mit ihrer Hilfe das eigentlich anzuwendende ausländische Recht korrigiert wird[54]. Eine ordre-public-Klausel läge aber nur vor, wenn unverrückbare Fundamentalsätze des deutschen Rechts durchgesetzt werden sollten[55]. Wenn es sich tatsächlich um fundamentale Bestimmungen des deutschen Rechts handeln sollte, bliebe allerdings unverständlich, warum die Anwendung des AGBG nur in enggezogenen Fallgestaltungen vorgeschrieben ist.

§ 12 AGBG als Sonderanknüpfung zu verstehen, weil sich eine Sachnorm hier selbst ihren Anwendungsbereich zumäße, stößt nicht nur auf die allgemeinen Bedenken gegen diesen methodischen Ansatz[56]. Die Möglichkeit,

---

[51] *Brandner* in Ulmer/Brandner/Hensen, § 12 Rz. 3; vgl. des weiteren BT-Drucksache 10/5632, S. 48.

[52] Siehe die Begründung zum wortgleichen § 10 des Regierungsentwurfes (BT-Drucksache 7/3919, S. 41).

[53] *Sonnenberger:* FS Ferid, S. 378, 395; *Kegel:* IPR, § 18 I 1. f aa), S. 434.

[54] Mün.Kom.-*Kreuzer*, Art. 30, Rz. 25 m.w.N.

[55] Siehe 1. Teil, 2. Abschnitt, A I 2.1.

[56] *Sandrock/Steinschulte* (A Rz. 166) und *Landfermann* (RIW 1977, 445, 459 f.) nehmen einen Fall der Sonderanknüpfung an, weil einzelne Normen besonders angeknüpft werden. Für *Firsching* liegt eine Sonderanknüpfung wegen der Ähnlichkeit zu Art.

§ 12 AGBG einen Willen des AGBG-Gesetzgebers über den Anwendungsbereich seines Gesetzes zu entnehmen, ist hier besonders fragwürdig. Der Normgeber hat, indem er lediglich die Berücksichtigung eines Gesetzes vorschreibt, die Entscheidung über die Geltung gerade nicht getroffen, sondern auf den Richter abgewälzt[57].

§ 12 AGBG dürfte deshalb eher als ein zaghafter gesetzgeberischer Versuch der räumlichen Zuordnung internationaler Verbraucherverträge zu verstehen sein. Eine Abweichung von den Kollisionsnormen des allgemeinen Vertragsstatuts war erforderlich, weil die allgemeine kollisionsrechtliche Interessenbewertung auf Verbraucherverträge nicht paßt. Die einseitig formulierte Kollisionsnorm wäre deshalb einer Erstreckung auf das gesamte Verbraucherschutzrecht und einer Bilateralisierung zugänglich gewesen[58]. Heute erfüllt Art. 29 EGBGB diese Aufgabe.

Die Klassifizierung der Norm hat allerdings wenig Einfluß auf die Präzisierung des Tatbestandsmerkmals „Berücksichtigung" des § 12 AGBG. Die h. M. hat aus der Berücksichtigung eine Anwendung gemacht, indem sie ausländisches Recht immer dann durch deutsches verdrängt, wenn ein konkreter Vergleich ergibt, daß der inländische Verbraucher nach dem deutschen Recht im Gegensatz zum ausländischen geschützt wird[59]. Dann werden die deutschen Dispositivnormen herangezogen, es sei denn, bei Anwendung ausländischen Dispositivrechts stünde der Verbraucher schlechter da[60]. In diesem Fall besteht kein Grund, den Verbraucher besonders zu schützen. Wäre der Vertrag ohne die Vereinbarung der Geltung der AGB des Vertragspartners abgeschlossen worden, müßte der Verbraucher den Standard der ausländischen Dispositivnormen dulden.

Der äußere Anschein des § 12 AGBG, der dem des allgemeinen ordre-public-Vorbehalts entspricht, weil auch § 12 AGBG zur Korrektur des ei-

---

7 des römischen Übereinkommens vom 19.6.1980 vor (*Staudinger/Firsching*, Vor Art. 12, Rz. 382). Ohne nähere Begründung geht *Otto* (S. 214) vom Vorliegen einer „loi d'application immédiate" aus. Zu den Bedenken gegen das „Sonderanknüpfungsmodell" siehe oben 1. Teil, 2. Abschnitt, A I 2.4. b).

[57] *Kegel:* IPR, § 6 I 4. a), S. 188. *Sonnenberger* (FS Ferid, S. 377, 393) lehnt das Vorliegen einer Sonderanknüpfung ab, weil er die gesetzgeberische Eingrenzung des Anwendungsbereichs in § 12 AGBG für unstimmig hält.

[58] Für einen gegenständlichen und allseitigen Abbau hat sich *Kropholler* (Rabels Z 42 (1978), 634, 657 f., insbesondere Fn. 100) ausgesprochen. Eine Bilateralisierung des § 12 AGBG befürworten *Hübner* (NJW 1980, 2601, 2065) und *Otto* (S. 228), ohne auf die Frage des Ausbaus zu einer das gesamte Verbraucherrecht umfassenden Kollisionsnorm einzugehen.

[59] *Brandner* in Ulmer/Brandner/Hensen, § 12 Rz. 11 m.w.N. in Fn. 11.

[60] *Lindacher* in Wolf/Horn/Lindacher, § 12 Rz. 18 m.w.N.; a. A. *von Westphalen* WM 1978, 1310, 1315, der auf die ausländische Dispositivnormen nur zurückgreifen will, wenn sie dem Verbraucher günstiger sind, im übrigen aber deutsches Dispositivrecht als Mindeststandard durchsetzen möchte.

gentlich anzuwendenden ausländischen Rechts eingreift, hat die Frage auftauchen lassen, ob der Anerkennung einer ausländischen Entscheidung der ordre public gemäß § 328 Abs. 1 Nr. 4 ZPO bzw. Art. 27 Abs. 1 GVÜ entgegensteht, wenn das angewandte ausländische Recht keinen äquivalenten Schutz vor unangemessenen AGB wie das deutsche Recht verbürgt[61]. Dann muß aber nicht der ordre-public-Vorbehalt bemüht werden, um ein Unterlaufen des § 12 AGBG durch das Anerkennungsrecht zu verhindern. Der besondere Geltungsanspruch, den § 12 AGBG dem AGBG zumißt, wird vom Anerkennungsrecht bereits weitestgehend durch die ausschließlichen Zuständigkeiten für Verbraucherstreitigkeiten, wie sie vorstehend beschrieben wurden[62], gesichert.

4.3. Autonomie in internationalen Mietverträgen

a) Gerichtsstandsvereinbarungen in Mietsachen

Die internationale Zuständigkeit für Streitigkeiten aus Mietverträgen ist Gegenstand sowohl spezieller Bestimmungen des GVÜ als auch der ZPO. Sowohl Art. 16 Nr. 1 GVÜ als auch § 29 a ZPO weisen den Gerichten am Belegenheitsort des Grundstücks die ausschließliche und nach Art. 17 Abs. 3 GVÜ bzw. § 40 Abs. 2 ZPO zwingende Kompetenz zu. Nach der Auffassung des EuGH greift die Spezialvorschrift des GVÜ auch dann ein, wenn dem Schutzbedürfnis des Mieters, wie bei Miete von Ferienwohnungen, gerade nicht die Zuständigkeit der Gerichte am Belegenheitsort entspricht[63]. Im autonomen deutschen Zivilprozeßrecht ist diese Frage noch ungeklärt. Das LG Bonn jedenfalls hat für eine Klage eines jugoslawischen Vermieters gegen eine deutschen Diplomaten, der von 1968 bis 1972 eine Wohnung in Belgrad gemietet hatte und mittlerweile in die Bundesrepublik zurückgekehrt war, seine Zuständigkeit angenommen[64].

---

[61] Für die Beachtung des § 12 AGBG im Anerkennungsrecht über den ordre public hat sich *von Westphalen* (in Löwe/von Westphalen/Trinkner, § 12 Rz. 19) ausgesprochen, a. A. *Sonnenberger*, FS Ferid, S. 378, 386 f.

[62] Allgemein zur Stellung des Sonderprivatrechts im IPR siehe 1. Teil, 2. Abschnitt, A I 2.4.

[63] Vgl. EuGH v. 15.1.1985 = Slg. 1985, 99, 127 = NJW 1985, 905 = RIW 1985, 238, 240 = IPrax 1986, 97, 102. Es ist allerdings nicht zu verkennen, daß in diesen Fällen Mieterschutzvorschriften nicht eingreifen.

[64] LG Bonn v. 4.10.1973 = NJW 1974, 427 = IPRspr. 1973 Nr. 135. *Geimer* spricht sich in der Kommentierung der Entscheidung für ein Fortbestehen der Zuständigkeit des Wohnsitzgerichtes für Zahlungsklagen aus (*Geimer*, NJW 1974, 2189. 2190). Gegen eine restriktive Handhabung der Ausschließlichkeit dagegen *Kropholler:* Handbuch, Rz. 360.

b) Gleichlauf durch Sonderanknüpfung

Keine ausdrückliche Regelung liegt zur Frage nach dem zwingenden Anwendungsbereich mietrechtlicher Schutzvorschriften vor[65]. Der Absicht des Gesetzgebers entspricht es aber, über Art. 34 EGBGB deutsche Mieterschutzbestimmungen auch gegenüber einer von den Parteien gewählten ausländischen Rechtsordnung durchzusetzen[66]. Nach Art. 34 EGBGB berühren die im EGBGB enthaltenen Vorschriften nicht die Anwendung der Bestimmungen des deutschen Rechts, die ohne Rücksicht auf das auf den Vertrag anzuwendende Recht den Sachverhalt zwingend regeln.

Der Wortlaut der Bestimmung spricht dafür, daß der Gesetzgeber sich hier der Konzeption angeschlossen hat, nach der die internationalprivatrechtliche Privatautonomie durch Eingriffsnormen begrenzt wird, ohne den Begriff der Eingriffsnormen auf öffentlich-rechtliche Vorschriften zu beschränken[67]. Eine Auslegung des Art. 34 EGBGB anhand der Gesetzesmaterialien ergibt aber, daß der Gesetzgeber keinesfalls beabsichtigte, den methodischen Ansatz, mit dem die von Art. 34 EGBGB umfaßten Normen ins Spiel gebracht werden, festzulegen. Die Begründung zum Regierungsentwurf geht von einem lex-specialis-Verhältnis der zwingenden Ausgestaltung von Kollisionsnormen, wie sie in Art. 29 und 30 EGBGB erfolgt ist, zur besonderen Anknüpfung von Eingriffsnormen aus[68]. Die besondere Berücksichtigung deutscher Mietrechtsnormen, wie sie Art. 34 EGBGB vorschreibt, erfolgt daher in rechtsmethodischer Hinsicht nicht zwingend anders als bei den sonderprivatrechtlichen Normen des Arbeits- und Verbraucherrechts.

Ebensowenig läßt sich die Einseitigkeit der in Art. 34 EGBGB getroffenen Regelung gegen die Zugrundelegung eines auf Lokalisierung von Mietrechtsverhältnissen gerichteten kollisionsrechtlichen Ansatzes herkömmlicher Prägung einwenden. Für eine Regelung des Anwendungsbereichs ausländischer Mieterschutzbestimmungen besteht kein Bedürfnis. Billigt das staatsvertragliche und autonome IZPR den Gerichten am Belegenheitsort die ausschließliche zwingende Zuständigkeit zu, sind Streitigkeiten aus Verträgen über im Ausland belegenen Wohnraum vor einheimischen Gerichten ausgeschlossen.

---

[65] Mietverträge fallen nicht unter Art. 29 EGBGB (*Kroeger*, S. 48; *Palandt/Heldrich*, Art. 29 EGBGB Anm. 2; *Egon Lorenz*, RIW 1987, 569, 576).

[66] BT-Drucksache 10/504 S. 83 f.; vgl auch *Egon Lorenz*, a.a.O., S. 579.

[67] So *Egon Lorenz*, a.a.O., S. 578 f. Allgemein zu den Eingriffsnormen sowie der hier befürworteten Ausgrenzung des sozialmotivierten Sonderprivatrechts siehe 1. Teil, 2. Abschnitt, A I 2.4. a).

[68] BT-Drucksache 10/504 S. 83.

Liest man aus Art. 34 EGBGB eine besondere Kollisionsnorm für Mietverträge, kann mit Hilfe der Gleichlaufthese auch der zwingende Bereich des deutschen Mietrechts beschrieben werden. Befindet sich der vermietete Wohnraum im Inland, so sind grundsätzlich die deutschen Mieterschutzvorschriften anwendbar[69]. Ob das in jedem Falle zutrifft, oder nicht eine Ausnahme zu machen ist, wenn der Mieter im Zeitpunkt des Vertragsschlusses seinen Wohnsitz nicht im Inland hat und möglicherweise im Inland keinen Wohnsitz begründen wird, hängt davon ab, inwieweit eine ausschließliche und zwingende Kompetenz der Gerichte am Belegenheitsort in solchen Fällen mit Argumenten aufrechterhalten wird, die auch für die räumliche Fixierung des Mietvertrages Bedeutung haben können[70]. Daß den Gerichten am Belegenheitsort der Vorzug zu geben ist, weil diese eher in der Lage sind, sich eine unmittelbare Kenntnis von den sich auf den Abschluß und Durchführung von Miet- oder Pachtverträgen über unbewegliche Sachen beziehenden Sachverhalten zu verschaffen[71], kann bei der Anknüpfung der Mietvorschriften keine Rolle spielen[72].

II. Französisches Internationales Privatrecht

1. Der Begriff des internationalen Vertrages

Die Begrenzung der Parteiautonomie im internationalen Vertragsrecht ist in Frankreich der Rechtssprechung überlassen. Allgemein läßt sie die Wahl einer ausländischen Rechtsordnung zu, wenn ein internationaler Vertrag vorliegt[73]. Dieses Kriterium verwendet sie auch in anderen Zusammenhängen. Handelt es sich um einen internationalen Vertrag, sind Währungsgleitklauseln zulässig[74]. Die diesbezügliche Rechtssprechung soll hier außer acht bleiben. Daneben taucht der Gesichtspunkt bei der Prüfung der Zulässigkeit von Gerichtsstands- und Schiedsklauseln auf. Im folgenden wird untersucht, inwieweit sich zwischen der Funktion und der Präzisierung des Begriffs im Kollisions- und Zuständigkeitsrecht Parallelen nachweisen lassen.

---

[69] Die Begründung zum Regierungsentwurf läßt nicht erkennen, ob es Ausnahmen zu diesem Grundsatz gibt (BT-Drucksache 10/504 S. 84).

[70] Vgl. 1. Teil, 1. Abschnitt, C II 1. bei Fn. 62.

[71] Damit begründet der EuGH (oben Fn. 63) u. a. die Anwendung des Art. 16 Abs. 1 GVÜ auf Gebrauchsüberlassungsverträge für Ferienwohnungen.

[72] Vgl. *Neuhaus*, Rabels Z 20 (1955), 201, 254 f.

[73] Siehe die Nachweise unter 1.2., vgl. aber auch 4.2.

[74] Cass.civ. v. 17.5.1927 = S 1927.1.289 = D.P. 1928.1.25; Cass.com. v. 4.11.1958 = Rev.Crit. 1959, 117 f.; Cass.com. v. 27.4.1964 = Rev.Crit. 1965, 346 f (1re espèce) = Clunet 1964, 819 f.

1.1. Internationaler Vertrag und Zuständigkeitsvereinbarungen

Das autonome internationale Zuständigkeitsrecht wird weitestgehend von den Artt. 14 und 15 C.civ. bestimmt. Nach Art. 14 C.civ kann ein französischer Staatsbürger jederzeit einen Ausländer ohne Rücksicht auf dessen Wohnsitz oder sonstige Zuständigkeitsgesichtspunkte vor französischen Gerichten verklagen. Nach Art. 15 C.civ. kann ein Franzose jedem Urteil, das gegen ihn im Ausland ergangen ist, die Anerkennung versagen lassen. Im Gegenzug kann ein Ausländer jederzeit einen Franzosen im Inland verklagen. Auf dieses Gerichtsstandsprivileg kann verzichtet werden, soweit nicht bereits völkerrechtliche Verträge Artt. 14 und 15 C.civ. verdrängen, wie in Art. 3 Abs. 2 GVÜ erfolgt. Daneben bestimmen die Regeln über die örtliche Zuständigkeit grundsätzlich zugleich die internationale Zuständigkeit französischer Gerichte[75]. Von Bedeutung ist hier besonders Art. 517 des Code du Travail. Danach sind zuständig die Arbeitsgerichte (Conseils de Prud'hommes) am Sitz der Betriebsstätte, während bei außerhalb einer Betriebsstätte zu erbringender Arbeit die Gerichte am Wohnsitz des Arbeitnehmers zuständig sind. Darüber hinaus kann der Arbeitnehmer die Arbeitsgerichte am Ort des Vertragsabschlusses sowie am Sitz des Arbeitgebers anrufen. Gerichtsstandsvereinbarungen in Arbeitsverträgen werden für nichtig erklärt.

Die Frage, wann die aus dem autonomen Recht sich ergebende Zuständigkeit französischer Gerichte durch Gerichtsstands- oder Schiedsklausel derogiert werden kann, hat die französische Rechtssprechung mehrfach beschäftigt.

a) Derogation französischer Gerichtszuständigkeit zugunsten ausländischer Gerichte

In seiner Entscheidung vom 17.12.1985 hat der Cour de Cassation dargelegt, daß Klauseln über die internationale Zuständigkeit im Prinzip zulässig sind, wenn es sich um einen internationalen Vertrag handelt und die Klausel nicht zur Ausschaltung einer zwingenden Zuständigkeit französischer Gerichte führt[76]. Ohne nähere Ausführungen nahm das Gericht im zu beurteilenden Fall einen internationalen Vertrag an[77]. Dort hatte eine französische Gesellschaft mit dem libyschen Erziehungsministerium einen Vertrag über die Errichtung von Schulen und Wohnungen abgeschlossen. Die ausschließliche Zuständigkeit libyscher Gerichte wurde vereinbart. Die

---

[75] *Batiffol/Lagarde* II, Bem. 669.
[76] Rev.Crit. 1986, 537, 539.
[77] a.a.O.

A. Die Grenzen der Rechtswahl im Vertragsstatut

französische Gesellschaft schaltete ein französisches Subunternehmen ein. Die Gerichtsstandsklausel aus dem Hauptunternehmervertrag wurde in den Nachunternehmervertrag übernommen. Ob dies zulässig war, bildete den Streit des Verfahrens.

Wann zwingende Zuständigkeiten französischer Gerichte vorliegen, präzisierte das Oberste Gericht nicht, und Gaudemet-Tallon hat in ihrer Anmerkung auf die Schwierigkeiten hingewiesen, die dieses Unterfangen hervorruft[78]. Ihr kommen Zweifel, ob die Vorschriften über die örtliche Zuständigkeit, die im Interesse der sozial schwächeren Partei, z. B. des Arbeitnehmers, zwingend ausgestaltet sind, unter den Vorbehalt fallen, unter den der Gerichtshof die grundsätzlich bejahte Prorogationsfreiheit stellte[79]. Ihrer Ansicht nach ist Vorsicht geboten, zumal kurz zuvor die Sozialkammer des Cour de Cassation erkannte, daß bei Vorliegen eines internationalen Vertrages wirksam die Zuständigkeiten des Art. 517 des Code du Travail derogiert werden können[80].

Interpretierte man den Begriff des internationalen Vertrages in dem weitläufigen Sinne, daß für dessen Vorliegen bereits geringe Auslandsbezüge ausreichen, so brächte dieses Urteil der Sozialkammer einen Bruch mit Entscheidungen der gemeinsamen Kammer des Cour de Cassation (Chambre mixte) aus dem Jahre 1974 mit sich[81]. Deren Tätigwerden war erforderlich geworden, nachdem sich zwischen der Zivil- und der Sozialkammer des Cour de Cassation Widersprüche in bezug auf die Prorogationsfreiheit in Arbeitsverträgen jedenfalls dem Wortlaut ihrer Ausführungen nach aufgetan hatten. Nach einer Entscheidung der Sozialkammer vom 19.10.1967 soll jede Gerichtsstandsklausel in einem Arbeitsvertrag nichtig sein[82]. Folglich verneinte sie einen wirksamen Verzicht eines französischen Arbeitnehmers auf die Zuständigkeit französischer Gerichte nach Art. 14 C.civ. Für die Zivilkammer war dagegen das im französischen Arbeitsrecht enthaltene Prorogationsverbot für internationale Arbeitsverträge ohne Belang[83]. Nachdem Lagarde aber aufgezeigt hatte, daß die Entscheidungen entgegen ihrem Wortlaut sich dennoch weitgehend miteinander vereinbaren ließen[84], statuierte die gemeinsame Kammer im Sinne Lagardes, daß das Prorogationsverbot auf die ihr vorliegenden Sachverhalte nur anwendbar gewesen wäre,

---

[78] Rev.Crit. 1986, 537, 544 ff.
[79] a.a.O., S. 545 f.
[80] Cass.soc. v. 8.7.1985, Rev.Crit. 1986, 113, 114.
[81] *Gaudemet-Tallon*, Rev.Crit. 1986, 113, 117.
[82] Rev.Crit. 1968, 490 (2ᵉ espèce), 492 = Clunet 1968, 342, 343; im gleichen Sinne Cass.soc. v. 18.10.1967 = Rev.Crit. 1968, 490 (1ʳᵉ espèce), 491.
[83] Cass.civ. v. 9.1.1968 = Rev.Crit. 1968, 490 (3ᵉ espèce), 493 = Clunet 1968, 717, 718.
[84] *Lagarde*, Rev.Crit. 1974, 355, 360 f.

wenn durch die Vereinbarung die Zuständigkeit französischer Gerichte aufgrund des Gesetzes N° 56-1280 vom 18.12.1956, dem Vorläufer des Art. 517 Code du Travail, derogiert worden wäre[85]. Die Interpretation der jüngsten Entscheidung der Sozialkammer im oben entwickelten Sinne hätte nun zur Folge, daß die Einschränkungen der Chambre mixte für die Zulässigkeit von Gerichtsstandsklauseln in Arbeitsverträgen nicht mehr gälten.

Gaudemet-Tallon hat zur Vermeidung einer allzu großen Diskrepanz zwischen den Entscheidungen der Sozialkammer (vom 8.7.1985) und der Chambre mixte vorgeschlagen, die Sozialkammer so zu verstehen, daß die Vereinbarung der Zuständigkeit ausländischer Gerichte anerkannt wurde, weil es sich um einen internationalen Vertrag handelte und französische Gerichte ihre Zuständigkeit nicht auf den Sitz der Betriebsstätte stützen konnten[86]. Allgemein gefaßt zieht Gaudemet-Tallon aus der Entscheidung den Schluß, daß immer dann, wenn die Arbeit im Ausland zu erbringen ist, Gerichtsstandsklauseln zuzulassen sind[87]. Sie erkennt zugleich an, daß damit der Ansatz der gemeinsamen Kammer aus dem Jahre 1974, soweit man ihn wörtlich nimmt, verändert wurde. Sie läßt die Zuständigkeit französischer Gerichte aufgrund des Art. 517-1 Code du Travail im Falle, daß ein französischer Arbeitnehmer mit Wohnsitz in Frankreich im Ausland außerhalb einer Betriebsstätte arbeitet oder der Vertrag in Frankreich abgeschlossen wurde, unberücksichtigt.

Es fragt sich daher, ob die Sozialkammer in ihrem Urteil vom 8.7.1985 sich nicht von den Regelungen des Art. 517-1 des Code du Travail trennen und dem Inhalt des internationalen Vertrages im Arbeitsrecht einen spezifischen Inhalt geben wollte. Stellt man an den Begriff des internationalen Arbeitsverhältnisses strengere Anforderungen als an den eines internationalen Handelsgeschäfts, wäre der Schutz des Arbeitnehmers in Fällen mit Auslandsberührung erreicht. Der Alternative, Arbeitnehmer trotz Bejahung eines internationalen Vertrages durch Erstreckung zwingender interner Kompetenzen in den internationalen Bereich zu schützen, hat sich die Sozialkammer dem Wortlaut ihrer Entscheidung nach jedenfalls nicht angeschlossen. Auch findet die von Gaudemet-Tallon befürwortete Begrenzung der zwingenden Zuständigkeit französischer Arbeitsgerichte auf die Fälle, in denen die Arbeit in Frankreich erbracht wird, im Wortlaut der internen Zuständigkeitsregeln keinen Rückhalt.

Für den Fall, daß man dieser Auffassung folgt, bleiben die Umstände festzuhalten, die die Sozialkammer dazu bewogen, einen internationalen Ver-

---

[85] Cass.mixte v. 28.6.1974 = Rev.Crit. 1975, 110 (1re espèce), 111; Cass.mixte v. 28.6.1974 = Rev.Crit. 1975, 110 (2e espèce), 112.

[86] Rev.Crit. 1986, 115, 119.

[87] a.a.O.

A. Die Grenzen der Rechtswahl im Vertragsstatut

trag anzunehmen. Dies war einerseits die Tatsache, daß der Vertrag zwischen einem Franzosen und einer kolumbianischen Gesellschat abgeschlossen wurde, sowie die Ausführung des Vertrages in Kolumbien[88].

b) Schiedsgerichtsklauseln

Eine Vereinbarung der Zuständigkeit der Schiedsgerichte der Internationalen Handelskammer spielte in der Entscheidung des Cour d'appel de Paris vom 30.11.1972 eine Rolle. Dort hatten drei französische Gesellschaften mit Sitz in Paris sich zu einer stillen Gesellschaft zusammengeschlossen. Gegenstand der Gesellschaft war die Ausführung eines Werkvertrages, den ein Gesellschafter mit einer algerischen Firma abgeschlossen hatte, und der die Errichtung eines Werkes in Algerien vorsah. Das Gericht befand, daß die Interessen des internationalen Handels nicht berührt seien, weil der Gesellschaftsvertrag dem algerischen Auftraggeber unbekannt sei und keine Auswirkungen auf den Werkvertrag habe. Folglich war der Vertrag kein internationaler und die Schiedsgerichtsklausel unbeachtlich[89]. Damit ist das Gericht dem in der Literatur anzutreffenden Verständnis, daß immer dann die Interessen des internationalen Handels berührt seien, wenn der Vertragsgegenstand im Ausland liege, nicht gefolgt[90]. Die Entscheidung verdient des weiteren Beachtung, weil sie einen Blick auf die verschiedenen Kriterien erlaubt, die im französischen Recht zur Definition des internationalen Vertrages verwandt werden. Dem wirtschaftlichen Kriterium, für das sich das Berufungsgericht entschied, wird das juristische Kriterium gegenübergestellt, das sich auf Anknüpfungspunkte zu den verschiedenen Rechtsordnungen stützt[91].

Unter Rückgriff auf das juristische Kriterium hat der Cour de Cassation im Urteil vom 7.10.1980 eine Schiedsgerichtsklausel nicht anerkannt.[92] Dort hatte eine französische Gesellschaft in Paris einen Franzosen mit der Vertretung ihrer Handelsinteressen in Kolumbien beauftragt. Der Handelsvertreter lebte bisher in Frankreich und sollte nach Kolumbien übersiedeln. Bedeutsam ist diese Entscheidung bereits deshalb, weil sie sich in das von

---

[88] Rev.Crit. 1986, 113, 114. Welche Rolle der außerdem vom Gericht angeführte Umtand spielt, daß die Parteien den Vertrag dem Recht am Arbeitsort unterworfen hatten, ist nicht klar. Keine Bedeutung will *Gaudemet-Tallon* dieser Rechtswahl beimessen, denn sie sei anerkannt, daß die Wahl eines ausländischen Rechts ohne Einfluß auf die Beantwortung der Frage nach der internationalen Gerichtszuständigkeit sei (*Gaudemet-Tallon*, Rev.Crit. 1986, 113, 118 m.w.N.).
[89] Clunet 1973, 390, 392.
[90] Oppetit, Clunet 1973, 390, 395; vgl. *Mestre*, Rev.Crit. 1981, 313, 320.
[91] Ausführlich zur Differenzierung *Mestre*, a.a.O., S. 319 ff.
[92] Rev.Crit. 1981, 313, 316. Vgl. zur Auslegung des Urteils *Mestre*, a.a.O., S. 322.

der Literatur entwickelte Bild, nach dem die Voraussetzungen, die das ökonomische Kriterium an die Internationalität des Vertrages stellt, enger seien als die des juristischen[93], nicht einordnen läßt.

Darüber hinaus hat sich das Gericht nicht der literarischen Vorstellung angeschlossen, bei Zugrundelegung des juristischen Kriteriums bereits dann einen internationalen Vertrag anzunehmen, wenn in Anbetracht des Abschluß- bzw. Erfüllungsortes, der Staatsangehörigkeit oder des Wohnsitzes der Parteien der Vertrag Beziehungen zu verschiedenen Rechtsordnungen aufweist[94]. Dem im Ausland gelegenen Ausführungsort maß das Gericht keine entscheidende Bedeutung zu. Zuvor hatte der Cour d'appel de Paris am 13.12.1975 in einem ähnlich gelagerten Fall, der dennoch wesentliche Unterschiede aufwies, eine Gerichtsstandsklausel für zulässig erachtet, weil die Interessen des internationalen Handels berührt seien[95]. Wiederum hatte ein französisches Unternehmen einen Franzosen mit der Vertretung seiner Interessen im Ausland, und zwar diesmal in den USA und Kanada, beauftragt. Anders als in dem zuvor erwähnten Fall hatte der Handelsvertreter bei Vertragsschluß seinen Wohnsitz im Territorium, in dem er tätig werden sollte. Der Handelsvertreter fungierte hier auch nicht als „représentant", was ihn nach französischem Recht zum Arbeitnehmer seines Auftraggebers gemacht hätte. Die Ausführung des von ihm abgeschlossenen „contrat d'agent commercial" oblag ihm vielmehr als Selbständigem[96].

Hin und wieder gehen juristisches und ökonomisches Kriterium Verknüpfungen ein. Für den Cour d'appel de Paris, der eine zwischen einem französischen Handelsvertreter und einer holländischen Gesellschaft getroffenen Schiedsgerichtsklausel zu begutachten hatte, gestaltete sich diese Verknüpfung symbiotisch: „Considérant que le contrat litigieux ... est un contrat international, c'est-à-dire se rattachant à des normes juridiques émanant de plusieurs Etats; – qu'il a ce caractère à la fois par le lieu de sa conclusion, en Hollande, la nationalité différente des parties et son objet même qui était de donner pouvoir à Hecht, ressortissant français, d'accomplir en France des actes juridiques au nom d'une société de droit, donc de statut personnel, hollandais en vue d'accroître les exportations en France des marchandises de celle-ci."[97]. Dagegen nahm der Cour d'appel de Toulou-

---

[93] *Goldmann*, JCP 1971 II 16927, I; *Jacquet*, Bem. 371 Fn. 37; vgl. *Mestre*, a.a.O., S. 324.

[94] Vgl. *Mestre*, a.a.O., S. 323.

[95] Rev.Crit. 1976, 507, 509.

[96] Zu den beiden Handelsvertretertypen des französischen Rechts, *Sonnenberger*: Handels- und Wirtschaftsrecht, Rz. 24 f.

[97] Cour d'appel de Paris v. 19.6.1970 = Rev.Crit. 1971, 692, 694 = Clunet 1970, 833, 835.

A. Die Grenzen der Rechtswahl im Vertragsstatut

se eine kumulative Prüfung beider Kriterien vor, weil beide schwer voneinander zu trennen seien[98].

c) Fazit

Gerade im Bereich der Rechtssprechung zur Zulässigkeit von Schiedsklauseln scheint sich zu bestätigen, daß der Begriff des internationalen Vertrages im Zuständigkeitsrecht ein flexibler ist, der sich nicht ohne weiteres durch Abstraktion bestimmter Merkmale aus der Vielzahl der Fallgestaltungen definieren läßt. Zwei Tendenzen lassen sich aber wohl aus den bisher erwähnten Entscheidungen zu Gerichtsstands- und Schiedsklauseln erkennen. Die Möglichkeit, die Zuständigkeit französischer Gerichte zugunsten ausländischer Gerichte und von Schiedsgerichten zu derogieren, hängt danach sowohl von einer Qualifizierung des Vertrages in gegenständlicher und personeller Hinsicht[99] als auch von der Gewichtung der in eine andere Richtung als auf die Zuständigkeit französischer Gerichte weisenden Umstände ab.

Die gegenständlich-personale Qualität des Vertrages dürfte bei der Zuordnung des Vertrages zum internationalen Handel im Vordergrund stehen. Dadurch könnte erklärt werden, daß bei Arbeitsverträgen, die nicht dem eigentlichen Handel zuzuordnen sind, niemals auf das ökonomische Kriterium, im übrigen nur dann zurückgegriffen wird, wenn die Vertragspartner sich gerade in bezug auf den Vertragsgegenstand als Teilnehmer am internationalen Wirtschaftsgeschehen beteiligen, insbesondere gegenüberstehen[100].

Das juristische Kriterium beinhaltet andererseits nicht, daß jeder Auslandsbezug einen Vertrag zu einem internationalen macht. Vielmehr scheint das Kriterium Abwägungsvorgänge zu umfassen, die das Interesse an der Zuständigkeit der Heimatgerichte des französischen Vertragspartners dem Interesse seines Kontrahenten an der Zuständigkeit anderer Gerichte gegenüberstellt, und im Falle, daß letztere Interessen den ersteren nicht an

---

[98] Cour d'appel de Toulouse v. 26.10.1982 = Clunet 1984, 603, 605 f.

[99] Siehe auch *Mestre*, Rev.Crit. 1981, 313, 329 f. *Mestre* vertritt die Ansicht, daß die Definition des internationalen Vertrages im Urteil des Gerichtshofes vom 7.10.1980 (oben bei Fn. 92) sicherlich anders ausgefallen wäre, wenn die Schiedsklausel von zwei französischen Gesellschaften vereinbart worden wäre.

[100] Zur Anwendung des ökonomischen Kriteriums auf Arbeitsverträge siehe einerseits Cass.soc. v. 7.10.1980 (oben bei Fn. 92) und Cour d'appel de Paris v. 13.12.1975 (oben bei Fn. 95). Die Differenzierung zwischen Verträgen, mit denen die Vertragspartner am nationalen bzw. internationalen Wirtschaftsleben teilnehmen, ist subtil, vgl. Cass.civ. v. 17.12.1985 (oben bei Fn. 76) einerseits und Cour d'appel de Paris v. 30.11.1972 (oben bei Fn. 89) andererseits. Die letztere Entscheidung läßt allerdings nicht erkennen, ob entsprechend der Fallgestaltung im vorzitierten Urteil des Cass.civ. auch der Werksvertrag mit dem algerischen Auftraggeber eine Schieds- bzw. Gerichtsstandsklausel enthielt.

Gewicht zumindest annähernd gleichkommen, zur Unzulässigkeit der Derogation französischer Gerichte führen. So sind Klauseln zwischen zwei Franzosen mit Wohnsitz in Frankreich als unwirksam, zwischen zwei Franzosen, von denen einer im Ausland lebt, sowie zwischen einem Franzosen und einem ausländischen Unternehmen, das den Franzosen für eine Tätigkeit im Ausland anstellte, dagegen als wirksam angesehen worden[101].

Von der Behutsamkeit, mit der die Rechtssprechung den Begriff des internationalen Vertrages ausfüllt, zeugen die teilweise anzutreffende symbiotische und kumulative Verknüpfungen des juristischen und ökonomischen Kriteriums.[102]

1.2. Internationaler Vertrag und Rechtswahl

Sowohl das ökonomische als auch das juristische Kriterium werden von der Rechtssprechung zur Prüfung herangezogen, ob ein die Wahl ausländischen Rechts gestattender internationaler Vertrag vorliegt.

Auf das ökonomische Kriterium griff der Cour de Cassation am 19.2.1930 zurück in einem Fall, in dem ein Franzose bei einer französischen Gesellschaft, die für Rechnung ihrer holländischen Muttergesellschaft handelte, im Ausland gelegenes Getreide gekauft hatte[103]. Dem Kaufvertrag war das Vertragsmuster der London Corn Trade Association zugrundegelegt. Der Kaufpreis war zahlbar mittels eines auf eine Londoner Bank gezogenen Schecks. Die Annahme, die Vertragspartner beteiligten sich mit ihrem Vertrag am internationalen Wirtschaftsleben, liegt nahe. Dagegen schob der Cour d'appel de Lyon am 19.4.1977 das juristische Kriterium in den Vordergrund und hielt die Wahl spanischen Rechts für einen Kaufvertrag zwischen zwei Franzosen über ein in Spanien gelegenes Grundstück für zulässig, weil der Vertrag internationalen Charakter aufweise[104]. Von einem internationalen Arbeitsvertrag ging jüngst (6.11.1985) die Sozialkammer aus, weil der Vertrag mit einer ausländischen Gesellschaft abgeschlossen wurde und im Ausland zu erfüllen war[105]. Zumindest fragen kann man sich, ob die Sozialkammer sich hier nicht der Entscheidung der Zivilkammer vom 7.10.1980 anschloß und es implizit ablehnte, einem Arbeitsvertrag

---

[101] Siehe Cass.soc. v. 7.10.1980 (oben bei Fn. 92), Cour d'appel de Paris v. 13.12.1975 (oben bei Fn. 95), der allerdings auf das ökonomische Kriterium zurückgriff, und Cass.soc. v. 8.7.1985 (oben bei Fn. 80 ff.).
[102] Siehe oben bei Fn. 97 und 98.
[103] S 1933.1.41, 42 = Rev.crit. 1931, 514, 515 = Clunet 1931, 90, 91.
[104] Rev.crit. 1979, 788, 790.
[105] Rev.crit. 1986, 501 (1re espèce), 502 f.

zwischen einem französischen Arbeitnehmer und einem französischen Arbeitgeber internationalen Charakter beizumessen[106].

Ein Vergleich von Kollisions- und Zuständigkeitsrecht ergibt, daß sowohl im Zusammenhang mit Gerichtsstands- und Schieds- als auch mit Rechtswahlklauseln das ökonomische und das juristische Kriterium auftauchen. Eine flexible Interpretation des internationalen Vertrages auch insoweit, als er bei der Prüfung herangezogen wird, ob Rechtswahl zugelassen werden kann, ist daher zumindest denkbar. So deutet sich an, daß bei Arbeitsverträgen wie im Zuständigkeitsrecht allein das juristische Kriterium entscheidet, während bei Kaufleuten die Teilnahme am internationalen Wirtschaftsgeschehen nicht nur die Möglichkeit zur Prorogation, sondern auch der Rechtswahl eröffnet. Die Zulässigkeit der Wahl des Rechts der Belegenheit bei Verträgen über unbewegliches Vermögen entspricht der natürlichen Kompetenz der Gerichte am Belegenheitsort. Näheres läßt sich zum Gleichlauf nicht sagen, da die Rechtsprechung weder im Zuständigkeits- noch Kollisionsrecht systematische Grundzüge ausdrücklich entwickelt hat.[107] Ebensowenig liegen Fallgestaltungen vor, die im Zusammenhang mit Gerichtsstands- und Schiedsklauseln einerseits und Rechtswahlklauseln andererseits abgehandelt wurden, und deren Elemente, die für die räumliche Gruppierung bedeutsam sein können, gleichgelagert waren.

2. Zwingender Anwendungsbereich französischer Normen des klassischen Privatrechts nach der Rechtsprechung

2.1. Formvorschriften

Dem Leitsatz der maßgeblichen Entscheidung des Cour de Cassation nach können die Parteien anstelle des Rechts des Abschlußortes zwischen Geschäftsstatut und dem Recht der gemeinsamen Staatsangehörigkeit wählen[108]. Französische Formvorschriften haben daher keinen weitergehenden zwingenden Anwendungsbereich, als er ihnen infolge der Tatsache, daß Rechtswahl nur bei internationalen Verträgen möglich ist, zusteht.

---

[106] *Lagarde,* Rev.crit. 1986, 501, 506. Zur Entscheidung der Zivilkammer vom 7.10.1980 siehe oben bei Fn. 92.

[107] Die Lehre schlägt vor, im Zuständigkeitsrecht das ökonomische, im Bereich der Rechtswahl juristische Kriterium für ausschlaggebend zu erklären. Letzteres wird dahingehend verstanden, daß zumindest dann ein internationaler Vertrag vorliegt, wenn ein bedeutsames Sachverhaltselement auf eine ausländische Rechtsordnung weist (vgl. *Batiffol/Lagarde* II, Bem. 575, Fn. 4).

[108] Cass.civ. v. 10.12.1974 = Rev.crit. 1975, 474 = Clunet 1975, 542, 543.

2.2. Irrtumsregelungen

Handelt es sich um einen internationalen Vertrag, kann auch von den französischen Irrtumsregelungen abgewichen werden. Die Irrtumsregelungen werden allgemein dem Vertragsstatut unterstellt[109].

2.3. Cause und lésion

Einen quasi naturrechtlichen Charakter haben die französischen Gerichte der Vorschrift des Art. 1136 C.civ. beigemessen, nach der jede Verpflichtung zur Wirksamkeit einen Grund braucht. In synallagmatischen Verträgen ist Rechtsgrund die Gegenleistung, bei Schenkungsverträgen die „intention libérale"[110]. Dieser naturrechtliche Charakter äußert sich darin, daß französische Gerichte unter keinen Umständen causalose Forderungen anerkennen[111]. Es dürften sich allerdings auch kaum Rechtsordnungen finden lassen, die unmotivierte Forderungen anerkennen. Die im deutschen Recht abstrakt ausgestaltete Wechselforderung ist kein solcher Fall. § 812 Abs. 2 BGB zeigt, daß ein Motiv für ihre Eingehung vorliegen muß. Die französischen Gerichte haben dies auch schnell erkannt[112].

Einen Versuch, dem Prinzip der materiellen Vertragsgerechtigkeit einen intensiveren Gehalt zu geben als die Regeln über die cause, stellen die Vorschriften über die lésion dar. Der Idee nach verlangen sie eine Gleichwertigkeit von Leistung und Gegenleistung[113]. Die bedeutendste Vorschrift in diesem Zusammenhang ist Art. 1674 C.civ., nach dem der Verkäufer eines Grundstücks vom Kaufvertrag zurücktreten kann, wenn der Kaufpreis weniger als 5/12 des eigentlichen Wertes des Grundstücks ausmacht.

Wie bereits der Cour d'appel de Paris am 9.2.1931 erkannte, handelt es sich bei Art. 1674 C.civ. um „eine Schöpfung des positiven Rechts"[114]. Deshalb besteht kein Grund, die Vorschriften über die lésion als Ausdruck einer unverzichtbaren Gerechtigkeitsvorstellung anzusehen und ihnen einen weitergehenden zwingenden Anwendungsbereich zuzuweisen als den übrigen schuldrechtlichen Vorschriften. Sobald ein internationaler Vertrag vorliegt, kann folglich auch über Art. 1674 C.civ. mittels Rechtswahl disponiert werden[115].

---

[109] *Batiffol/Lagarde* II, Bem. 596.

[110] *Carbonnier*, Bem. 26.

[111] Trib. de Paris v. 27.3.1933 = Rev.crit. 1935, 748; Trib. de la Seine v. 5.7.1939 = Rev.crit. 1939, 450.

[112] Cass.civ. v. 14.12.1937 = Nouv.Rev.dr.i.p. 1938, 131.

[113] *Carbonnier*, Bem. 21.

[114] D.P. 1931.2.33, 37 = S 1931.2.145, 146 = Clunet 1932, 109, 110 = Rev.crit. 1931, 348.

[115] Cour d'appel de Toulose v. 24.9.1985 = Rev.crit. 1986, 322, 323.

3. Geschäftsfähigkeit

Sind französische Gerichte zur Beurteilung von Klagen französischer Staatsbürger sowie gegen französische Staatsbürger ausschließlich zuständig, solange nicht ein Verzicht erfolgt ist[116], kann nach der Gleichlaufthese von der Wirksamkeit der Wahl einer ausländischen Rechtsordnung bei Beteiligung eines französischen Staatsbürgers nur ausgegangen werden, wenn ein Verzicht auf die Zuständigkeit französischer Gerichte hätte erfolgen können. Die Frage der Geschäftsfähigkeit kann dann nicht nach dem Vertragsstatut beantwortet werden, weil erst die Geschäftsfähigkeit ergibt, ob eine Gerichtsstandsvereinbarung möglich ist. Konsequenterweise, jedenfalls soweit französische Staatsangehörige betroffen sind, unterstellt Art. 3 Abs. 3 C.civ die Geschäftsfähigkeit einem besonderen Statut, nämlich dem Recht der Staatsangehörigkeit.

4. Zwingende allseitige Kollisionsnormen des sozialmotivierten Sonderprivatrechts

4.1. Internationales Arbeitsrecht

Die Rechtssprechung des Obersten Französischen Gerichts zum Arbeitsvertragsstatut faßt die Literatur dahingehend zusammen, daß vorrangig das Recht des Staates anzuwenden ist, in dem die Arbeitsleistung erbracht wird. Ein anderes Recht sollen die Vertragspartner nur wählen dürfen, soweit dessen Bestimmungen für den Arbeitnehmer günstiger sind[117]. Der Gleichlaufthese würde es entsprechen, das Günstigkeitsprinzip auf die Fälle zu beschränken, in denen in Anbetracht der kollisionsrechtlichen Interessen des Arbeitgebers und Arbeitnehmers ein Abweichen vom Standard einer bestimmten Rechtsordnung nicht angezeigt ist. Dies ergibt die Bilateralisierung der zuständigkeitsrechtlichen Regel, nach der französische Arbeitnehmer auf die Gerichtsstandsprivilegien der Artt. 14 und 15 C.civ. verzichten können, wenn mit Hilfe des juristischen Kriteriums die Internationalität des Vertrages zu bejahen ist[118]. Danach ist bei annähernder Gleichwertigkeit der auf die Gerichte verschiedener Staaten weisenden Zuständigkeitsgesichtspunkte eine Vereinbarung der Zuständigkeit ausländischer Gerichte möglich[119].

---

[116] *Batiffol/Lagarde* II, Bem. 718.
[117] Zuletzt *Lagarde*, Rev.crit. 1986, 501, 505 f.
[118] Siehe oben 1.1. c).
[119] a.a.O.

Betrachtet man die Rechtsprechung genauer, kann man erkennen, daß die von der Literatur beschriebene Regel von der Rechtsprechung gar nicht so ohne weiteres auf jeden Arbeitsvertrag mit Auslandsberührung angewandt wird. Bereits in der ersten Entscheidung vom 31.3.1978 verhielt sich die Sozialkammer des Cour de Cassation, die das Günstigkeitsprinzip auf die individualrechtliche Seite des Arbeitsvertrages erstreckte[120], in bemerkenswerter Weise zurückhaltend. Dabei ging es um die Klage eines französischen Piloten gegen eine marokkanische Fluggesellschaft, die ihn durch einen in Paris abgeschlossenen Arbeitsvertrag eingestellt hatte. Der Gerichtshof billigte die Heranziehung französischen Rechts durch das Berufungsgericht mit der Begründung, daß dies von einer Wahl französischen Rechts durch die Parteien ausgehen konnte, „was zulässig ist in dem Maße, in dem es für die Angestellten vorteilhafter ist als das marokkanische Recht, selbst wenn dieses normalerweise anwendbar gewesen *wäre*."[121] Keine eindeutige Position bezog auch jüngst die gemeinsame Kammer des Cour de Cassation in ihrem Urteil vom 28.2.1986[122]. Auch hier war ein französischer Pilot bei einer ausländischen Fluggesellschaft beschäftigt. Die Argumentation des Cour de Cassation läßt nicht erkennen, ob das Recht der Elfenbeinküste herangezogen wurde, weil es als Recht des Ausführungsortes den Mindeststandard bildete[123], oder weil seine Geltung der Absicht der Vertragspartner entsprach[124]. Der Cour d'appel de Paris sah sich jedenfalls nicht gehindert, auf einen Vertrag eines amerikanischen Journalisten, der in Frankreich für eine amerikanische Zeitung tätig wurde, amerikanisches Recht anzuwenden[125].

4.2. Internationales Verbraucherrecht

Das Tribunal de grande instance du Dunkerque hat neulich die These aufgestellt, daß jedem Verbraucher der ihm durch das Recht am Aufenthaltsort vermittelte Schutz jedenfalls nicht entzogen werden kann, wenn dem Vertragsabschluß eine Werbung im Aufenthaltsstaat vorausgegangen ist[126]. Damit hat sich das Gericht der Regelung des Art. 6 des europäischen Übereinkommens über das auf Schuldverhältnisse anzuwendende Recht weitgehend angeschlossen.

---

[120] In der Entscheidung Thuillier hatte die Sozialkammer das Günstigkeitsprinzip nur auf administrative Arbeitsvorschriften sowie Bestimmungen über die Arbeitsorganisation bezogen (Cass.soc. v. 31.5.1972 = Rev.crit. 1973, 683 = JCP 1973 II 17317).

[121] Rev.crit. 1978, 701 (2ᵉ espèce), 704; Hervorhebung durch den Verfasser.

[122] Rev.crit. 1986, 501 (2ᵉ espèce), 505 = Clunet 1986, 699 (arrêt n° 166), 700.

[123] So *Lagarde,* Rev.crit. 1986, 501, 509.

[124] So *Lyon-Caen,* Clunet 1986, 699, 708.

[125] Cour d'appel de Paris v. 8.7.1981 = Clunet 1982, 132, 136 f.

[126] Trib. de gr. Inst. de Dunkerque v. 19.2.1986 = Clunet 1986, 713, 716 f.

Bemerkenswert ist, daß das Gericht in dem von ihm behandelten Rechtsstreit einen internationalen Vertrag annahm und dennoch den Verbrauchernormen einen zwingenden Anwendungsbereich zuordnete. Damit hat sich das Gericht von der oben entwickelten Sicht, daß Gerichtsstandsvereinbarungen ausgeschlossen sind, soweit kein internationaler Vertrag vorliegt, während im übrigen aber Gerichtsstandsvereinbarungen zuzulassen sind[127], und der daraus mittels der Gleichlaufthese zu ziehenden Folgerung, daß bei Bejahung der Internationalität des Vertrages die Rechtswahlbefugnis nicht durch den zwingenden Anwendungsbereich französischer Privatrechtnormen begrenzt werden kann, entfernt. Dennoch dürfte keine Abweichung von der Gleichlaufthese anzunehmen sein. Das Prinzip, daß Rechtswahl in internationalen Verträgen zuzulassen ist, wurde auf dem Hintergrund der Artt. 14 und 15 C.civ., der Streitigkeiten mit Beteiligung französischer Staatsbürger ausschließlich französischen Gerichten zuweist, soweit nicht wirksam auf diese Gerichtsstandsprivilegien verzichtet wurde, entwickelt. Die Wirksamkeit kann nur bei Vorliegen eines internationalen Vertrages bejaht werden. Der dem Tribunal vorgelegte Sachverhalt bezog sich dagegen auf einen Streit zwischen einem französischen Ehepaar und einer belgischen Firma. Heranzuziehen waren deshalb die Vorschriften des GVÜ. Infolge des in verschiedenen Staaten belegenen Wohnsitzes der Parteien war unter Berücksichtigung des Gedankens des Art. 2 GVÜ der Streit per se ein internationaler, so daß über das Kriterium des internationalen Vertrages keine Einschränkung der Rechtswahlbefugnis zu erreichen war. Die Übernahme des Art. 6 des kollisionsrechtlichen Übereinkommens entspricht im Ansatz dem Gleichlauf[128].

B. Parteiautonnomie im Deliktsstatut

I. Die Einheit von Vertrags- und Deliktsstatut nach der deutschen Rechtsprechung

Der BGH hat bisher in zwei Entscheidungen von der Frage nach einer einheitlichen Anknüpfung des Vertrags- und Deliktsstatuts keine Notiz genommen, obwohl dies nach Ansicht der Literatur nahegelegen hätte[129]. In

---

[127] Vgl. insbesondere 1.1.a).
[128] Siehe die Ausführungen zu Art. 29 EGBGB, mit dem Art. 6 des Übereinkommens übernommen wurde, oben unter I 4.2. a).
[129] BGH v. 28.3.1961 = VersR 1961, 518 f.; BGH v. 4.5.1976 = WM 1976, 792 ff. = JR 1977, 19 ff. = LM Nr. 20 zu 823 (Db) BGB = BGH Warn 1976 Nr. 104 = IPRspr. 1976 Nr. 16. Zur Haltung der Literatur siehe 1. Teil, 2. Abschnitt, A II 2.

beiden Fällen beruhte der Zuständigkeitsbezug zum Ausland für die vertrags- und deliktsrechtliche Seite des Falles auf verschiedenen Vorschriften. Infolge des deutschen Wohnsitzes der Parteien konnten ausländische Gerichte ihre Kompetenz nur auf § 29 ZPO, soweit sie vertragliche Ansprüche betraf, im übrigen nur auf § 32 ZPO stützen. Wegen mangelnder Parallelität der maßgeblichen kollisionsrechtlichen Interessen knüpfte der BGH daher zu Recht die vertraglichen und deliktischen Ansprüche verschieden an, wenn man den obigen Ausführungen folgen möchte[130].

II. Das Deliktsstatut im französischen Recht

Ob es zulässig ist, daß die Partner eines Schuldvertrages ein Recht bestimmen, das auch die im Zusammenhang mit dem Vertrag stehenden Deliktsansprüche umfaßt, wird in Frankreich kaum diskutiert[131]. Die Anknüpfung an den Tatort steht bei der Bestimmung des Deliktsstatuts nach wie vor im Vordergrund[132].

Die fehlende Diskussion um die Parteiautonomie könnte auf die Lokalisierungstheorie zurückzuführen sein. Wenn Rechtswahl als Vertragszweckbestimmung angesehen wird, kann ihr in Rechtsbereichen, in denen Ansprüche nicht auf einem vertraglichen Willen, sondern auf Realakten beruhen, keine Bedeutung beigemessen werden[133]. Von Bedeutung mag auch sein, daß die einen Verzicht auf das Gerichtsprivileg aus Artt. 14 und 15 C.civ. und damit die Wahl ausländischen Rechts legitimierenden Interessen des internationalen Handels im Deliktsrecht keine Rolle spielen.

C. Parteiautonomie im internationalen Sachenrecht

I. Die Haltung des deutschen Rechts

Rechtswahlbefugnis wird weder von der Rechtssprechung[134] noch der h.L.[135] als tauglicher Anknüpfungsfaktor im internationalen Sachenrecht angesehen.

---

[130] Vgl. 1. Teil, 2. Abschnitt, A II 1.

[131] Lediglich *Bourel* hat den Gedanken der akzessorischen Anknüpfung (dazu oben 1. Teil, 2. Abschnitt, A II 2.) aufgegriffen, ohne ihn allerdings zu befürworten (*Bourel*, S. 46 f.). Die gelegentliche Anknüpfung von Schadensersatzansprüchen nach dem Vertragsstatut ist durch die Ausschließlichkeit der Vertragshaftung nach französischem Recht („non-cumul") bedingt, hat daher nichts mit einer Akzessorietät des Deliktsstatuts zu tun (siehe *Hohloch*, S. 197 f.).

[132] *Batiffol/Lagarde* II, Bem. 557.

[133] Vgl. *Bourel*, S. 18 ff.

II. Die Position des französischen Rechts

In der Rechtspraxis spielte bisher allein die Frage eine Rolle, inwieweit das auf vertraglich vereinbarte Sicherungsrechte anzuwendende Recht vom Willen des Sicherungsgebers und -nehmers abhängen kann[136]. Nach gefestigter Rechtssprechung[137] und h.L.[138] ist allein das französische Recht anwendbar auf dingliche Rechte an in Frankreich belegenen Mobilien. Folglich wurden Widersprüche des Sicherungsnehmers gegen in Frankreich vollzogene Vollstreckungsmaßnahmen in bewegliche Gegenstände zurückgewiesen, wenn das Sicherungsrecht, auf das er sich berief, der französischen Rechtsordnung unbekannt war[139].

---

[134] Anders lediglich BayObLG IPRspr. 1934 Nr. 24; OGHZ 2, 226, 229 = NJW 1949, 784; OLG Hamburg IPRspr. 1960-61 Nr. 72, S. 242 f.

[135] Z. B. *Soergel/Kegel,* Vor. Art. 7 Rz. 553; *Ferrid,* Rz. 7-7; *Firsching,* S. 293.

[136] Streng zu unterscheiden von der Frage nach der Parteiautonomie im internationalen Sachenrecht ist das Problem, ob eine Norm dem Vertrags- bzw. Sachenrechtsstatut untersteht. Die Qualifikationsfrage beschäftigt die französische Rechtspraxis des öfteren. Zuletzt entschied der Cass.com. am 8.7.1981, daß dem Statut des Kommissionsvertrages zu entnehmen sei, ob dem Transportkommissionär überhaupt ein Recht auf vorzugsweise Befriedigung an der transportierten Ware zusteht (Rev.crit. 1983, 267, 268). Dies geht allerdings nicht ausdrücklich aus der Entscheidung hervor, da das Gericht lediglich den Einwand des Verkäufers der Ware zu bescheiden hatte, das Berufungsgericht habe zu Unrecht die Beziehungen zwischen dem Kommissionär und dem Käufer dem französischen Recht unterstellt. Der vorleistende Verkäufer hatte selbst ein Recht auf vorzugsweise Befriedigung („privilège") geltend gemacht. Die französische Rechtsordnung gewährt ihm zwar ein solches Recht, läßt es aber dem des Transportkommissionärs des Käufers im Range nachgehen. Über mehr als die Frage, ob die Forderung des Transportkommissionärs nach ihrem Statut überhaupt gesichert war, hatte das Gericht nicht zu entscheiden. (*Batiffol/Lagarde* II, Bem. 518 Fn. 3; *Audit,* D.S. 1982 I.R. 73; anders *Santa-Croce,* Rev.crit. 1983, 267, 270).

[137] Cass.civ. v. 8.7.1969 = Rev.crit. 1971, 75, 76 = Clunet 1970, 916 = JCP 1970 II 16182; Cass.civ. v. 3.5.1973 = Rev.crit. 1974, 100, 103. Unterschiedliches Echo hat das Urteil Cass.com. v. 11.5.1982 = Rev.crit. 1983, 450 f. = D 1983, 271 f. gefunden. Die deutsche Firma Localease hatte eine Maschine an eine ebenfalls deutsche Firma geleast, die mit Erlaubnis der Leasinggeberin die Maschine an eine französische Firma untervermietete. Nachdem über letztere das Vergleichsverfahren eröffnet worden war, verlangte die Leasinggeberin von ihr die Maschine heraus. Das Berufungsgericht hatte die Klage abgewiesen, weil der Vertrag zwischen Leasinggeberin und -nehmerin nicht den französischen Vorschriften über den „crédit-bail" entsprach. Der Cass.civ. hob die Entscheidung auf, weil das Berufungsgericht nicht geprüft habe, ob zwischen der Leasinggeberin und dem Untervermieter ein Leasingvertrag abgeschlossen worden sei (Rev.crit., a.a.O., S. 451 = D, a.a.O., 272). Während *Khairallah* eine Aufweichung der Regel, daß die Wirksamkeit der Sicherungsrechte sich nach der lex rei sitae richtet, feststellen zu können glaubt (Rev.crit., a.a.O., S. 456 ff.), sieht *Witz* die überkommene Rechtssprechung nicht in Zweifel gezogen (D, a.a.O., 272 f.). Für ihn ging es dem Gericht allein um die Auslegung der französischen Publizitätsvorschriften (a.a.O., S. 273).

[138] *Batiffol/Lagarde* II, Bem. 511; zum Umfang der Geltung der lex rei sitae bei den Autoren, die sich grundsätzlich für die Rechtswahl im internationalen Sachenrecht aussprechen, siehe 1. Teil, 2. Abschnitt, A III 1.2. bei Fn. 54-59.

[139] Siehe Nachweise in Fn. 137 und 138.

Zweiter Abschnitt

Die Anknüpfung des Vertragsstatuts

A. Die Anknüpfungsleiter

I. Die Anknüpfungsleiter des deutschen Rechts

An erster Stelle steht die ausdrückliche Rechtswahl (Art. 27 Abs. 1 S. 2 EGBGB). Es folgt der stillschweigende Parteiwille. Daß von einer stillschweigenden Vereinbarung nur ausgegangen werden darf, wenn sie sich mit hinreichender Sicherheit ergibt (ebenfalls Art. 27 Abs. 1 S. 2 EGBGB), verdeutlicht, daß auf dieser Ebene der Anknüpfungsleiter ein konkretes Wahrscheinlichkeitsurteil gefragt ist[1]. Im übrigen bestimmt Art. 28 EGBGB das Vertragsstatut. Die dort getroffene Lösung wird allgemein als Aufgabe der bisher von der Rechtssprechung praktizierten Anknüpfung an den hypothetischen Parteiwillen verstanden[2]. Sicherlich ist mit Art. 28 EGBGB den subjektiven Tendenzen bei der Herausbildung des hypothetischen Parteiwillens eine Absage erteilt worden[3]. Dagegen stellt die gefundene Lösung keine Abkehr von der bis zur Reform unter dem Topos „hypothetischer Parteiwillen" erfolgten Würdigung der kollisionsrechtlichen Interessenlage und räumlichen Schwerpunktsuche dar[4]. Eine Entscheidung gegen das Konsensprinzip[5] kann deshalb nicht ohne weiteres unterstellt werden. Klarheit kann dazu nur die Erörterung der inhaltlichen Ausgestaltung der Anknüpfung bringen[6].

II. Die Anknüpfungsleiter des französischen Rechts

„La loi applicable aux contrats en ce qui concerne leur formation, leurs conditions ou leurs effets est celle que les parties ont adoptée: à défaut de dé-

---

[1] Siehe zum Charakter der Anknüpfung des Vertragsstatuts als Wahrscheinlichkeitsurteil 1. Teil, 2. Abschnitt, B I 2.

[2] *Böhmer*, Rabels Z 50 (1986), 646, 661; *Sandrock*, RIW 1986, 841, 851; *Werner Lorenz*, IPrax 1987, 269, 271.

[3] Siehe zum subjektiv verstandenen hypothetischen Parteiwillen 1. Teil, 2. Abschnitt, B I 1.

[4] *Werner Lorenz*, IPrax 1987, 269, 274; ähnlich *Däubler*, RIW 1987, 249, 252.

[5] Zum Konsensprinzip siehe 1. Teil, 2. Abschnitt, B I 2.

[6] Siehe unten B I.

claration expresse de leur part, il appartient aux juges de fond de rechercher, d'après l'économie de la convention et les circonstances de la cause, quelle est la loi qui doit régir les rapports des contractants." So lautet der Leitsatz eines Urteils des Cour de Cassation aus dem Jahre 1959[7]. Spätere Entscheidungen nahmen eine gesetzliche Grundlage für die Urteile der Berufungsgerichte an, wenn diese aus den räumlichen Faktoren des Sachverhalts einen Parteiwillen deduzierten[8]. Andere Entscheidungen sprachen dagegen von einer Lokalisierung des Vertrages durch den Richter[9]. Mittlerweile verwendet das Oberste Gericht in Anlehnung an die Batiffol'sche Lokalisierungstheorie die Formel: „Si la localisation du contrat dépend de la volonté des parties, c'est au juge qu'il appartient, après avoir interprété souverainement leur commune intention quant à cette localisation, de déduire de celle-ci la loi applicable au contrat litigieux."[10] Will man anhand dieser nicht ohne weiteres verständlichen Rechtssprechung den Zustand des französischen Rechts beschreiben, muß man sagen, daß eine Differenzierung zwischen stillschweigendem und hypothetischem Parteiwillen nicht stattfindet[11]. Bei Fehlen eines ausdrücklichen Parteiwillens wird das Vertragsstatut anhand von Indizien, die sowohl materieller (wie z. B. der Erfüllungsort einer Verpflichtung) als auch psychologischer (wie z. B. Schieds- und Gerichtsstandsklauseln) Natur sind, ermittelt[12]. Der Rechtssprechung dürfte es damit entsprechen, die Rechtsordnung zum Vertragsstatut zu küren, die am wahrscheinlichsten dem Parteiwillen entspricht.

B. Die Gewichtung der Anknüpfungsfaktoren

I. Die Anknüpfung des Vertragsstatuts auf der dritten Stufe der Leiter im deutschen Recht (Art. 28 EGBGB)

Infolge der klaren Trennung zwischen konkreten und abstrakten Wahrscheinlichkeitsurteilen kann den deutschen Vorschriften über die Anknüpfung

---

[7] Cass.civ. v. 6.7.1959 = Rev.crit. 1959, 708 f.

[8] Cass.civ. v. 28.6.1966 = Rev.crit. 1967, 334, 335 = Clunet 1967, 376. Von der „intention des parties quant à la localisation du contrat" spricht Cass.civ. v. 24.1.1978 = Rev.crit. 1978, 689, 690. Ähnlich Cass.civ v. 15.2.1972 = Rev.crit. 1973, 77, 80 sowie Cass.civ. v. 29.10.1974 = Rev.crit. 1976, 91, 92 = Clunet 1975, 314, 315.

[9] Cass.civ. v. 29.6.1971 = Clunet 1972, 51, 52; Cass.civ. v. 7.6.1977 = Rev.crit. 1978, 119, 122.

[10] Cass.civ. v. 25.3.1980 = Rev.crit. 1980, 576, 577 = Clunet 1980, 650, 651. Das Gericht verwandte die Formel im Zusammenhang mit der Ermittlung des Vertragsstatuts, nicht dagegen, was dem Wortlaut nach auch möglich erscheint, zur Eingrenzung der Rechtswahlbefugnis.

[11] *Loussouarn/Bredin*, Rz. 513; *Guiliano* in Guiliano/Lagarde, S. 19; a. A. *Sandrock*, S. 179 ff. und *Sandrock/Steinschulte*, A Rz. 266. Dort wird aber nur Rechtssprechung ausschließlich aus der Zeit vor 1959 berücksichtigt.

[12] Vgl. die Übersicht bei *Batiffol/Lagarde* II, Bem. 579 ff.

des Vertragsstatuts nur insoweit eine allgemeingültige Bewertung der Anknüpfungsfaktoren entnommen werden, als sie das maßgebliche Vertragsstatut bei Fehlen eines ausdrücklichen und stillschweigenden Parteiwillens bestimmen. Hierzu schreibt Art. 28 Abs. 1 EGBGB vor, daß an das Recht des Staates anzuknüpfen ist, mit dem der Vertrag die engste Verknüpfung hat. Diese Bestimmung konkretisiert Abs. 2 dahingehend, daß eine Vermutung besteht, daß dies der Staat ist, in dem die Partei, die die charakteristische Leistung zu erbringen hat, im Zeitpunkt des Vertragsabschlusses ihren gewöhnlichen Aufenthalt, ihre Hauptverwaltung, ihre Hauptniederlassung bzw. Niederlassung hat, je nach dem, ob der Vertrag sich auf eine berufliche oder gewerbliche Tätigkeit dieser Partei bezieht bzw. die Partei eine natürliche oder juristische Person, ein Verein oder eine Gesellschaft ist. Nach Abs. 3 spricht allerdings bei Verträgen, die ein dingliches Recht an einem Grundstück oder ein Recht zur Nutzung hieran zum Gegenstand haben, die Vermutung für das Recht am Belegenheitsort des Grundstücks. Eine weitere besondere Vermutung besteht bei Güterbeförderungsverträgen gemäß Abs. 4. Danach ist das Recht des Staates anzuwenden, in dem sich die Hauptniederlassung des Beförderers befindet, sofern sich in diesem Staat auch der Verladeort, der Entladeort oder die Hauptniederlassung des Absenders befindet. Die Vermutungen der Abs. 2–4 treten nach Abs. 5 zurück, wenn sich aus der Gesamtheit der Umstände ergibt, daß der Vertrag engere Verbindungen mit einem anderen Staat aufweist.

Problematisch an der Regelung ist einerseits das Verhältnis der Vermutungen, insbesondere des Abs. 2, zu Abs. 5[13]. Unklar ist, wie das Prinzip der charakteristischen Leistung sich dem Grundsatz der engsten Verbindung unterordnen soll[14]. Zudem wird der Grundsatz der engsten Verbindung als non-rule aufgefaßt[15], so daß dem Gesetzgeber vorgeworfen wird, er gäbe mit seiner Normierung Steine statt Brot[16]. Außerdem ist die charakteristische Leistung nicht immer leicht zu bestimmen. Es sei nur auf die Schwierigkeiten bei einem Verlagsvertrag verwiesen[17]. Auch hier, wie erst recht in den Fällen, in denen sich eine vertragscharakteristische Leistung überhaupt nicht bestimmen läßt, tritt die Frage nach einem anwendungsfähigen Grundsatz auf, der es erlaubt, dem Begriff der charakteristischen Leistung einen funktionellen Gehalt beizumessen bzw. eine Anknüpfung ohne Rückgriff auf diesen Begriff zuläßt. Von Interesse ist es daher, der Frage nachzugehen, inwieweit die Idee der Bestim-

---

[13] Vgl. *Werner Lorenz*, IPrax 1987, 269, 274; *Juenger*, Rabels Z 46 (1982), 57, 79 (zum inhaltsgleichen Art. 4 EG-Abkommen vom 19.6.1980).

[14] *Juenger*, a.a.O., S. 78.

[15] *Juenger*, a.a.O., S. 72; *Kegel:* IPR, § 6 I 4. b), S. 189 f.

[16] *Werner Lorenz*, IPrax 1987, 269, 274.

[17] *Juenger*, 46 (1982), 57, 79. Nach BGH vom 22.1.1959 = BGHZ 19, 110, 113 ist charakteristisch die dem Verleger obliegende Leistung, das in Verlag gegebene Werk zu vervielfältigen und zu verteilen.

mung eines Vertragsforums und das ihr untergeordnete Prinzip der Anknüpfung an den einheitlichen Erfüllungsort bei der Anwendung des Art. 28 EGBGB von Nutzen sind[18].

1. Die Anknüpfung an den einheitlichen Erfüllungsort und Abs. 3 und 4

Dem Erfüllungsort einer der beiden Hauptpflichten messen bereits dem Wortlaut nach die Abs. 3 und 4 des Art 28 EGBGB entscheidende Bedeutung bei. Dabei ist die Übereinstimmung des Abs. 3 mit dem Prinzip der Anknüpfung an den einheitlichen Erfüllungsort am auffälligsten. Die für das Recht am Belegenheitsort sprechende Vermutung bei Kauf- und Mietverträgen über Grundstücke stimmt mit der Lokalisierung des Vertrags aus zuständigkeitsrechtlicher Sicht überein[19].

Auch Abs. 4 deutet darauf hin, daß dem Sitz der Partei, der die charakteristische Leistung obliegt, noch nicht an sich kollisionsrechtliche Bedeutung zukommt. Der Inhalt der Regelung selbst dürfte, soweit sie auf die Kombination der Anknüpfungspunkte Hauptsitz des Beförderers und Verladungs- bzw. Abladeort abstellt[20], Ausdruck der Schwierigkeiten sein, den Erfüllungsort eines sich über mehrere Länder erstreckenden Transports in kollisionsrechtlicher Hinsicht zu bestimmen[21]. Im materiellen Recht bereitet die Fixierung des Leistungsortes einer Transportverpflichtung keine Schwierigkeiten. Leistungsort ist der Ort, an dem der Schuldner verpflichtet ist, seine letzte Leistungshandlung zu erbringen[22]. Daher ist Leistungsort der Transportverpflichtung der Bestimmungsort[23]. Im Kollisions- und Prozeßrecht dient der Erfüllungsort dagegen der räumlichen Lokalisierung des Sachverhalts. Was die räumliche Lokalisierung betrifft, kann dem Bestimmungsort gegenüber dem Verladeort kein Vorrang eingeräumt werden, da die Leistungshandlung des Beförderers an beiden Orten sich nicht unterscheidet[24]. Art 28 Abs. 4 hat sich deshalb dafür entschieden, von den beiden Orten denjenigen entscheiden zu lassen, der mit dem Sitz des Beförderers identisch ist.

---

[18] Allgemein zur Idee des Vertragsforums sowie zur Anknüpfung an den einheitlichen Erfüllungsort siehe 1. Teil, 2. Abschnitt, B II 5.

[19] Hat eine Verpflichtung einen natürlichen Erfüllungsort, liegt dort auch der einheitliche Erfüllungsort (siehe 1. Teil, 2. Abschnitt, B II 5. a. E.).

[20] Die Kombination Hauptniederlassung des Beförderers - Hauptniederlassung des Absenders wird unter 2.1. behandelt.

[21] In Frankreich hat der Bestimmungsort keine entscheidende Relevanz bei der Anknüpfung von Transportverträgen erlangt (siehe *Batiffol/Lagarde* II, Bem. 594 Fn. 1).

[22] *Schack:* Erfüllungsort, Rz. 8 m.w.N. in Fn. 14.

[23] So zum deutschen Recht *Schack:* a.a.O., Rz. 72 m.w.N. in Fn. 184.

[24] Bezeichnenderweise eröffnet Art. 31 CMR Zuständigkeiten am Ort der Übernahme und am für die Ablieferung vorgesehenen Ort. Die Zuständigkeiten beziehen sich, dies sei am Rande vermerkt, sowohl auf die Transportverpflichtung als auch die Fracht.

2. Das Prinzip der charakteristischen Leistung und die Idee der Bestimmung eines Vertragsforums

2.1. Anknüpfung bei Überlappung von Wohnsitz bzw. Sitz einerseits und Sitz der Niederlassung andererseits sowie Anknüpfung bei gemeinsamem Wohnsitz- bzw. Sitzstaat sowie bei gemeinsamem Aufenthaltsstaat

Zu einer mit der Idee des Vertragsforums übereinstimmenden Anknüpfung führt das Prinzip der charakteristischen Leistung, wenn die Niederlassung der Partei, die im Rahmen ihrer beruflichen bzw. gewerblichen Tätigkeit die charakteristische Leistung erbringt, sich im Wohnsitzstaat der Gegenpartei befindet. Wenn beispielsweise eine inländische Niederlassung eines ausländischen Unternehmens mit einem Inländer einen Vertrag abschließt, wäre für die inländische Gegenpartei ein Gerichtsstand für eine Klage gegen das ausländische Unternehmen am Sitz der Niederlassung nach § 21 ZPO bzw. Art. 5 Nr. 5 GVÜ eröffnet. Im Normalfall kann die inländische Gegenpartei nur an ihrem sich im Inland befindlichen Wohnsitz nach § 13 ZPO bzw. Art. 2 GVÜ verklagt werden. Folglich wäre der Vertrag aus zuständigkeitsrechtlicher Sicht im Inland lokalisiert. Sieht man einmal davon ab, daß im Zuständigkeitrecht der Wohnsitz, in Art. 28 Abs. 2 EGBGB der gewöhnliche Aufenthalt entscheidet, stimmen Lokalisierung des Vertrages in zuständigkeitsrechtlicher Hinsicht und die Regelung des Art. 28 Abs. 2 EGBGB erst recht überein, wenn der gewöhnliche Aufenthalt bzw. Sitz der Hauptverwaltung der Partei, der die charakteristische Leistung obliegt, sich im Wohnsitz- bzw. Aufenthaltsstaat des Vertragspartners befindet[25].

Im gleichen Atemzuge ist hier Abs. 4 zu benennen, soweit dieser vorschreibt, daß das Recht des Staates anzuwenden ist, in dem der Beförderer seine Hauptniederlassung hat, wenn sich dort auch die Hauptniederlassung seines Vertragspartners, des Absenders, befindet. Außer der Tatsache, daß nicht die Belegenheit des Sitzes, sondern der Hauptniederlassung beider Vertragspartner in ein und demselben Staat entscheidet, decken sich zuständigkeits- und kollisionsrechtliche Lokalisierung[25].

2.2. Das Prinzip der charakteristischen Leistung und die Anknüpfung an den einheitlichen Erfüllungsort

In den nicht unter 2.1. erfaßten Fällen kann das Vertragsforum nur über den einheitlichen Erfüllungsort gebildet werden. Es bereitet aber Schwierigkeiten, in der Regelanknüpfung an die charakteristische Leistung nach Art. 28 Abs. 2 EGBGB die Suche nach einem einheitlichen Erfüllungsort wiederzuerkennen.

---

[25] Bei gemeinsamem Wohnsitz- bzw. Sitzstaat der Parteien bilden die Gerichte dieses Staates das Vertragsforum (siehe 1. Teil, 2. Abschnitt, B II 5. nach Fn. 110).

Nichts deutet im Begriff der charakteristischen Leistung vordergründig auf den Erfüllungsort hin.

Dennoch, schaltet man von der begrifflichen Ebene auf die konkrete Anwendung um, zeigt sich, daß in vielen Fällen die Anknüpfung an die charakteristische Leistung, so wie sie von Art. 28 Abs. 2 EGBGB ausgestaltet ist, zur Anwendung des Rechts des Staates führt, in dem sich unzweifelhaft ein für Leistung und Gegenleistung einheitlicher Erfüllungsort befände, wenn ein solcher bestimmt werden müßte. So sollte es nicht zweifelhaft sein, daß ein solcher Erfüllungsort bei einem Arztvertrag am Praxisort, bei einem Anwaltsvertrag am Sitz der Kanzlei, zumindest soweit er die Vertretung vor einem Gericht betrifft, in dessen Bezirk sich der Kanzleisitz befindet, bei einer Kfz-Reparatur am Ort der Werkstatt, bei einem Unterkunfts- und Beköstigungsvertrag am Unterkunftsort läge. Das an diesen Orten geltende Recht wird dann auch von Art. 28 Abs. 2 EGBGB berufen. Beim Handelsvertreter dürfte der einheitliche Erfüllungsort am Sitz der Niederlassung, von der aus er tätig wird, anzusiedeln sein. An diesen Ort knüpft auch Art. 28 Abs. 2 EGBGB an[26].

Die wohl größten Probleme bereitet es, die Anknüpfung von Kaufverträgen nach Art. 28 Abs. 2 EGBGB mit dem Prinzip des einheitlichen Erfüllungsortes in Verbindung zu bringen[27], wenn man bei einer autonomen Bestimmung des

---

[26] *Palandt/Heldrich,* Art. 28 EGBGB Anm. 4 h; ebenso zum alten Recht BGH v. 16.3.1970 = BGHZ 53, 332, 337 = NJW 1970, 1002, 1003 = WM 1970, 494, 495 = DB 1970, 776, 777 = MDR 1970, 500, 501 = AWD 1970, 222 = LM Nr. 36 zu Art. 7 ff. EGBGB = IPRspr. 1970 Nr. 12 1 b, S. 408 in einem Fall, in dem der Handelsvertreter seinen Sitz im Tätigkeitsbereich hatte, und OLG Frankfurt vom 4.7.1967 = IPRspr. 1967 Nr. 35, S. 122 für einen Handelsvertreter, der im Tätigkeitsbereich eine Niederlassung besaß. *Kindler* möchte hingegen das Recht des Aufenthaltsstaates des Handelsvertreters entscheiden lassen, da dieser bei Abschluß des Vertretervertrages noch nicht in Ausübung einer beruflichen oder gewerblichen Tätigkeit kontrahiere (*Kindler,* RIW 1987, 660, 663 f.).

[27] Eine Parallele läßt sich zu den Schwierigkeiten der Rechtssprechung vor der IPR-Reform ziehen, Kaufverträge dem Prinzip der charakteristischen Leistung zu unterstellen. Während der BGH ursprünglich eine getrennte Anknüpfung von Leistung und Gegenleistung an den jeweiligen Erfüllungsort präferierte (BGH v. 23.3.1955 = BB 1955, 462, 463 = WM 1955, 765, 766 = IPRspr. 1954 u. 1955 Nr. 17, S. 56; siehe auch *Sandrock/Steinschulte,* A Rz. 227), entschied er sich später für das Recht am Sitz des Verkäufers, weil dort der Kaufvertrag abgewickelt wurde, da die am Sitz des Verkäufers gelagerte Kaufsache dort vom Käufer abgenommen wurde (BGH v. 7.5.1969 = DB 1969, 1053, 1054 = WM 1969, 772, 773 = LM Nr. 33 zu Art. 7 ff. EGBGB = IPRspr. 1969 Nr. 31, S. 63) bzw. die am Sitz des Verkäufers befindliche Sache im Sitzstaat des Verkäufers einer vom Käufer beauftragten Speditionsfirma zu übergeben war (BGH v. 19.9.1973 = BGHZ 61, 221, 225 = NJW 1973, 2151, 2152 = AWD 1973, 360 = MDR 1974, 38 f. = JR 1974, 239, 240 = DB 1973, 2138 = IPRspr. 1973, Nr. 11, S. 32). Der sich abzeichnenden Tendenz, das Recht des Verkäufers bevorzugt zur Geltung zu bringen, folgte der BGH auch jüngst im Urteil v. 9.10.1986 (NJW 1987, 1141, 1142 = RIW 1987, 148, 149 = IPrax 1988, 27, 28). Neben dem in Belgien befindlichen Sitz des Verkäufers war für den BGH entscheidend, daß Gegenstand des Geschäfts Aktien eines belgischen Unternehmens waren und mit dem Aktienerwerb zugleich das Ziel verfolgt wurde, dem Kläger einen Sitz im Aufsichtsrat mit Anspruch auf Vergütung zu verschaffen. Die Tatsache, daß die Aktien in einem deutschen Depot lagerten und deshalb in der Bundesrepublik übergeben wurden, soll dagegen keine Rolle spielen.

Erfüllungsortes der Verkäuferpflicht den Standort der verkauften Sache im Zeitpunkt des Vertragsabschlusses als maßgebend ansehen möchte[28]. Abgesehen davon, daß ein Standort sich bei Gattungsschulden nicht bestimmen läßt, dürfte die Bedeutung des Standortes auf die Fälle beschränkt sein, in denen er den Parteien bei Vertragsschluß bekannt war und er von gewisser Festigkeit und Dauer ist. Zufällige Belegenheiten dürften als zu unbeachtlich zu bezeichnen sein[29]. In den letzteren Fällen ist der Erfüllungsort der Verkäuferpflicht an den in Art. 28 Abs. 2 EGBGB genannten Orten anzusiedeln. Daß dem Erfüllungsort der Verkäuferpflicht der Vorrang vor dem bei autonomer Bestimmung am Sitz, Wohnsitz bzw. Ort der Niederlassung des Schuldners zu lokalisierenden Erfüllungsortes[30] der Geldschuld gewährt wird, läßt sich mit der größeren Flexibilität der Geldpflicht gegenüber ihrem Erfüllungsort begründen. Die Übermittlung von Geld verursacht weniger Mühe als der Transport von Ware. Die Flexibilität äußert sich auch in der Tendenz, den Leistungsort einer Geldschuld im materiellen Recht in dem der Sachleistung aufgehen zu lassen[31].

2.3. Die Bestimmung der charakteristischen Leistung und Anknüpfung bei Fehlen einer charakteristischen Leistung

Was die bereits erwähnten Schwierigkeiten betrifft, in manchen Fällen die charakteristische Leistung zu ermitteln[32], hätte die Übernahme des Prinzips des einheitlichen Erfüllungsortes zur Folge, daß aus dem Kreis der einem Vertrag entspringenden Hauptleistungspflichten diejenige die charakteristische bildet, deren autonom bestimmter Erfüllungsort im Vergleich zu den Erfüllungsorten der anderen Verpflichtungen die geringste Flexibiblität aufweist[33].

Insbesondere die Gesichtspunkte, auf die der BGH in seinen Entscheidungen aus 1969 und 1973 die Lokalisierung des Vertrages am Sitz des Verkäufers stützte, finden auch bei der autonomen Bestimmung des Erfüllungsortes der Verkäuferpflicht Beachtung (dazu sogleich im Text). Wohl am deutlichsten stellt die Entscheidung des OLG Düsseldorf v. 28.9.1970 die Konvergenzen der Rechtsprechung zum Prinzip des einheitlichen Erfüllungsortes heraus. In WM 1971, 168 heißt es unter Leitsatz 2 und 3: „Wird in einem Kaufvertrag vereinbart, daß der Kaufpreis durch ein am Ort der gewerblichen Niederlassung des Verkäufers zu eröffnendes, bestätigtes, unwiderrufliches Akkreditiv zu bezahlen ist, so ist aus den Umständen zu entnehmen, daß dieser Ort *auch* der Leistungsort für die Verbindlichkeit des Verkäufers sein soll. In diesem Fall ist es in der Regel der mutmaßliche Parteiwille, daß sämtliche Rechte und Pflichten aus dem Kaufvertrag nach dem am Ort der gewerblichen Niederlassung des Verkäufers geltenden Recht beurteilt werden sollen." (Hervorhebung durch den Verfasser; die Entscheidung ist außerdem abgedruckt in AWD 1971, 238 und IPRspr. 1970 Nr. 15).

[28] *Schack:* Erfüllungsort, Rz. 212, 347.

[29] a.a.O., Rz. 212; vgl. auch BGH v. 9.10.1986 (oben in Fn. 27). Dort blieb der Standort des Vertragsgegenstandes unberücksichtigt.

[30] *Schack*, a.a.O., Rz. 218.

[31] *Palandt/Heinrichs*, § 269, Rz. 3 b; kritisch *Schack*, Rz. 113.

[32] Siehe oben bei Fn. 17.

[33] Eine andere Umschreibung der Flexibilität ist das auf *Kegel* zurückgehende Prinzip der geringsten Störung (siehe 1. Teil, 2. Abschnitt, B II 5. a.E.; vgl aber auch die Kritik an der inhaltlichen Konkretisierung des Prinzips, 1. Teil, 2. Abschnitt, B II 1.).

Weisen Leistung und Gegenleistung wie z. B. beim Tausch die gleiche Flexibilität auf, hilft das Prinzip des einheitlichen Erfüllungsortes ebenso wie das der charakteristischen Leistung nicht weiter. Hier bleibt als Stütze nur die Überlegung, daß maßgeblich das Recht des Staates ist, in dem sich in einem solchen Falle nach den Wertungen des Zuständigkeitsrechts das Vertragsforum befinden müßte. Dabei ist nicht zu verkennen, daß das Vertragsforum sich nur durch Fortentwicklung der Aussagen des Zuständigkeitsrechts bestimmen läßt. Bestehen Schwierigkeiten, dem Zuständigkeitsrechts insofern Aussagen zu entnehmen, verbleibt als weitere Möglichkeit, das Vertragsstatut ohne Rückgriff auf Wertungen des Zivilprozeßrechts allein anhand des Konsensprinzips zu bestimmen. Die Heranziehung des Zuständigkeitsrechts dient ja letztlich unter Abstraktion von den Besonderheiten des einzelnen Falles der Ermittlung des Parteikonsens. Da das Zuständigkeitsrecht anders als das Kollisionsrecht einen Vertrag nicht zwingend einheitlich lokalisieren will, kann einem räumlichen Element im Kollisionsrecht Bedeutung beigemessen werden, obwohl sein Lokalisierungsgehalt nicht ausreicht, es zu einem Zuständigkeitsfaktor zu erheben. So ist denkbar, nach Ausscheiden aller anderen Alternativen auf den Abschlußort zurückzugreifen, auch wenn der Abschlußort im Zuständigkeitsrecht keine Beachtung findet.

2.4. Die Schwerpunktbetrachtung nach Abs. 5

Konsequent am Prinzip des einheitlichen Erfüllungsortes ausgerichtet ist die Regelung des Art. 28 EGBGB allerdings nur, wenn im Falle, daß der Standort der verkauften Sache den Erfüllungsort der Verkäuferpflicht bestimmt[34], man sich entschließt, Abs. 5 eingreifen zu lassen. Ein Rückgriff auf diese Bestimmung wäre im übrigen angezeigt, wenn aus zuständigkeitsrechtlicher Sicht der Vertrag nicht am einheitlichen Erfüllungsort, sondern im Staate, in dem beide Parteien ihren Wohnsitz haben, zu lokalisieren ist[35], die Vermutungen der Abs. 2–4 aber auf eine anderes Recht deuten[36].

Inwieweit allerdings Abs. 5 in Zukunft zur Korrektur der Regelanknüpfungen der Abs. 2–4 führt, insbesondere zur Begrenzung der Geltung des Prinzips der charakteristischen Leistungen auf die Fälle, in denen seine Anwendung dem Konsensprinzip entspricht, bleibt abzuwarten. Für eine restriktive, auf besonders gelagerte Fälle bezogene Geltung des Abs. 5 hat sich Sandrock ausgesprochen[37]. Werner Lorenz läßt dagegen durchblicken, daß er gewillt ist, Abs. 5 im

---

[34] Siehe oben bei Fn. 28.
[35] Vgl. 1. Teil, 2. Abschnitt, B II 5. nach Fn. 110.
[36] So *Kindler* (RIW 1987, 660, 663) für die Fälle, in denen ein Handelsvertreter von Deutschland aus ins Ausland von einem deutschen Unternehmen entsandt wird.
[37] *Sandrock,* RIW, 1986, 841, 851; beiläufig auch *Schröder,* IPrax 1987, 90, 91.

Dienste einer systematischen Geschlossenheit des Art. 28 EGBGB einzusetzen[38].

II. Die Anknüpfung des Vertragsstatuts bei Fehlen einer ausdrücklichen Rechtswahl im französischen Recht

Auf die sich aus Artt. 14 und 15 C.civ. ableitende ausschließliche Zuständigkeit französischer Gerichte kann von Seiten des von ihnen begünstigten französischen Staatsbürgers verzichtet werden. Ist dies der Fall, werden ausländische Urteile anerkannt, falls nicht die Annahme einer Zuständigkeit durch das ausländische Gericht offensichtlich unangemessen ist[39]. Das Zuständigkeitsrecht läßt deshalb nicht erkennen, in welchem Staat das Vertragsforum anzusiedeln ist. Dennoch finden sich in der Anknüpfung des Vertragsstatuts bei Fehlen eines ausdrücklichen Parteiwillens viele Anlehnungen an die Idee des Vertragsforums.

1. Gerichtsstands- und Schiedsklauseln

Enthält ein Vertrag eine Gerichtsstands- oder Schiedsklausel, wird an das Recht am Ort des Gerichts angeknüpft[40].

2. Anknüpfung an den Erfüllungsort einer Vertragspflicht

Ist der Erfüllungsort einer Verpflichtung besonders prägnant, sprich eindeutig vorgegeben, wird von der Rechtssprechung an diesen angeknüpft, wenn beide Vertragspartner in verschiedenen Ländern domiziliert sind und verschiedene Staatsangehörigkeiten besitzen. So ist maßgeblich der Ort, an dem ein Handelsvertreter tätig werden muß[41], ein Anwalt sein Mandat ausübt[42], ein Bauunternehmer das Werk zu errichten hat[43] bzw. die Verpflichtung eines Architekten zu erfüllen ist[44].

---

[38] *Werner Lorenz*, IPrax 1987, 269, 274.

[39] *Batiffol/Lagarde* II, Bem. 719.

[40] Vgl die umfangreichen Nachweise bei *Batiffol/Lagarde* II, Bem. 589.

[41] Cass.civ. v. 25.3.1980 = Rev.crit. 1980, 576, 577 = Clunet 1980, 650, 651; Cour d'appel de Limoges v. 10.11.1970 = Rev.crit. 1971, 703 (1re espèce), 705 f.; Cour d'appel de Lyon v. 21.3.1973 = Clunet 1974, 344, 347; anders wegen stillschweigender Rechtswahl Cass.civ. v. 24.1.1978 (siehe Fn. 8). Für einen Vertragshändler: Cour d'appel de Paris v. 10.4.1972 = Clunet 1973, 363, 365; für einen représentant: Cass.soc. v. 5.3.1969 = Rev.crit. 1970, 279, 280 f.

[42] Cour d'appel de Paris v. 6.5.1961 = Rev.crit. 1962, 118, 119 f. und v. 19.2.1968 = Rev.crit. 1969, 257, 259 = Clunet 1968, 336, 339.

[43] Cour d'appel de Paris v. 22.10.1980 = Clunet 1981, 585, 587 ff.

[44] Cass. civ. v. 15.6.1982 = Clunet 1983, 603, 604.

3. Anknüpfung an die gemeinsame Staatsangehörigkeit

Die gemeinsame Staatsangehörigkeit wird oft von den Gerichten als Anknüpfungspunkt hervorgehoben, auch wenn die Anknüpfung an das gemeinsame Staatsangehörigkeitsrecht zumeist noch auf andere Indizien wie Wohnsitz, Abschlußort bzw. Gerichtsstandsvereinbarungen gestützt wird[45]. Hat eine Verpflichtung einen prägnanten Erfüllungsort, der auf eine andere Rechtsordnung hinweist, wird die Anwendung der Heimatrechtsordnung, zusätzlich gestützt auf den Abschlußort, mit dem stillschweigenden Parteiwillen gerechtfertigt[46]. Nicht anders wird bei der Anknüpfung von Transportverträgen vorgegangen[47]. Dagegen wird im übrigen auf das Institut der Lokalisierung zurückgegriffen[48]. Ein auf das gemeinsame Staatsangehörigkeitsrecht abzielender Parteiwillen wird nicht angenommen, wenn der Vertrag eingebettet ist in weitere wirtschaftliche Betätigungen der Vertragspartner am Ort, an dem eine Verpflichtung ihren natürlichen Erfüllungsort hat[49].

4. Anknüpfung an den Abschlußort

Luftfrachtverträge[50] werden ebenso wie See-[51], Fluß-[52] und Straßentransportverträge[53] dem Recht des Abschlußortes unterstellt, wenn die

---

[45] Vgl. die Nachweise in den folgenden Fn. Anders Cass.civ. v. 23.4.1969 = Rev.crit. 1969, 717 (3ᵉ espèce), 721 f. zur Wiedereröffnung eines Kredits. Das Berufungsgericht habe davon ausgehen können, daß die Parteien das Recht gewählt haben, das für den ursprünglichen Kredit maßgeblich war, und daß ein solcher Wille nicht noch einmal ausgedrückt werden müßte, weil er so natürlich sei (a.a.O., S. 722).

[46] Cass.civ. v. 28.6.1966 = Rev.crit. 1967, 334, 335 = Clunet 1967, 376 (für den Verkauf eines „fonds de commerce"), Cass.soc. v. 1.7.1964 = Rev.crit. 1966, 47 (für Arbeitsvertrag).

[47] Cass.civ v. 9.1.1968 = Rev.crit. 1969, 487, 488. Im internationalen Seerecht ist zu beachten, daß Frankreich das Brüsseler Abkommen von 1924 zur einheitlichen Feststellung von Regeln über Konnossemente ratifiziert hat. Außerdem ist das Gesetz vom 18.6.1966, loi n° 66-420 sur les contrats d'affrètement et de transports maritimes, zu berücksichtigen.

[48] Cass.civ. v. 15.2.1969 = Rev.crit. 1971, 512, 513 (für organisierte Reise); Cour d'appel de Paris v. 11.2.1969 = Rev.crit. 1970, 459, 460 = Clunet 1969, 918, 920 (für Forderungsabtretung).

[49] Cass.civ. v. 24.4.1952 = Rev.crit. 1952, 502, 503 f. (für Verkauf eines Grundstücks in Dahomey zwischen zwei französischen Gesellschaften, die hauptsächlich in Afrika ihre Aktivitäten entfalteten). Nach Ansicht des Gerichts berührte der Verkauf nur die Überseeaktivitäten.

[50] Cour d'appel de Paris v. 3.2.1971 = Rev.crit. 1972, 274, 275; anders infolge Auslegung einer zweideutigen Klausel Cass.civ. v. 14.10.1957 = Rev.crit. 1957, 684, 687.

[51] Cass.civ. v. 9.11.1960 = Rev.crit. 1961, 835; Cour d'appel de Paris v. 16.6.1959 = Rev.crit. 1960, 72, 76 f.; anders, weil gegenteilige stillschweigende Rechtswahl angenommen, Cour d'appel de Bordeaux v. 5.11.1957 = Rev.crit. 1959, 734 und Cour d'appel de Paris v. 25.5.1962 = Rev.crit. 1963, 836; siehe auch Fn. 47.

[52] Cour d'appel de Paris v. 10.3.1976 = Rev.crit. 1977, 810 f. Es werden allerdings noch weitere Indizien zur Stützung der Entscheidung angeführt.

Vertragspartner verschiedenen Staaten angehören. Der Abschlußort hat auch für andere Verträge entscheidende Bedeutung, wenn keine Verpflichtung einen prägnanten Erfüllungsort hat[54] bzw. der Vertrag in mehreren Ländern erfüllt wird[55].

5. Inhalt der in Betracht zu ziehenden Rechtsordnungen

Unter Rückgriff auf den Parteiwillen wurde die Rechtsordnung herangezogen, die eine vertraglich gewollte Anbindung der Geldschuld an die Entwicklung des Goldpreises billigte, wobei der Cour de Cassation von der Feststellung des Berufungsgerichts ausging, daß die Vertragspartner ihre Vereinbarung jeder Rechtsordnung, nach der die Goldklausel unwirksam war, entziehen wollten[56]. Auf die selbe Weise wurde auf einen Trust diejenige aus dem Kreis der in Betracht zu ziehenden Rechtsordnungen angewandt, die dieses Institut kannte[57]. Schließlich billigte der Cour de Cassation sogar, daß ein Berufungsgericht eine stillschweigende Wahl des französischen Rechts mit der Begründung annahm, daß das sudanesische Recht, das neben dem französischen Recht vom Sachverhalt berührt wurde, nicht dem Vertragszweck angemessen sei[58].

6. Die Anknüpfung von Bürgschaftsverträgen

Bürgschaftsverträge werden grundsätzlich an das Statut der Hauptschuld angeknüpft, insbesondere wenn ein Organ oder der Inhaber einer juristischen Person für deren Schuld sich verbürgt[59].

---

[53] Cour d'appel d'Aix-en-Provence v. 27.2.1980 = G.P. 1980.2.783, 784.

[54] Cour d'appel d'Orléans v. 28.10.1976 = Clunet 1977, 505, 506 (für Kaufvertrag). Bei Kaufverträgen ist zu beachten, daß Frankreich das Haager Abkommen v. 15.6.1955 über das auf internationale Kaufverträge anzuwendende Recht ratifiziert hat. Cass.civ. v. 29.6.1971 = Clunet 1972, 51, 52 (für Umschaffung eines Darlehens; siehe dazu auch Fn. 45); Cour d'appel de Paris v. 16.5.1951 = JCP 1951 II 6887 (für Anleihe).

[55] Cass.civ. v. 4.11.1981 = Rev.crit. 1982, 744 (für Lizenzvertrag unter Rückgriff auf weitere Indizien).

[56] Cass.civ. v. 29.10.1964 = Clunet 1965, 637, 639.

[57] Cour d'appel de Paris v. 10.1.1970 = Rev.crit. 1971, 518, 522 = Clunet 1973, 207, 211.

[58] Cass.civ. v. 29.10.1974 = Rev.crit. 1976, 91, 92 = Clunet 1975, 314 f. *Batiffol* interpretiert das Urteil restriktiv. Ungeeignet sollen nur die Rechtsordnungen sein, die mit zu vagen Rechtsprinzipien im konkreten Fall arbeiten müßten (Rev.crit. 1976, 91, 94 f.).

[59] Cass.civ. v. 1.7.1981 = Rev.crit. 1982, 336, 339 mit Anmerkung *Lagarde,* der die Vermutung für das Statut der Hauptschuld auf die Fälle wirtschaftlicher Identität von Bürge und Hauptschuldner beschränken will (a.a.O., S. 348); anders wegen Interpretation einer Vertragsklausel Cass.civ. v. 2.3.1970 = Rev.crit. 1971, 251, 252.

Dritter Abschnitt
Prozeßverhalten als Geltungsgrund für die lex fori

A. Die Wahl der lex fori nach deutschem Recht im internationalen Vertrags- und Deliktsrecht

Die Idee, ausländisches Recht nur bei Berufung auf die Kollisionsnorm durch eine Partei anzuwenden, ist dem deutschen Recht fremd[1]. Lediglich die Wahl der lex fori für den gerichtlich erhobenen Anspruch durch die Prozeßparteien kommt in Betracht, wobei die Rechtspraxis allein die Geltung der lex fori aufgrund Prozeßverhaltens innerhalb vertrags- und deliktsrechtlicher Streitigkeiten erörtert. Daß die deutsche Rechtssprechung die Fakultativität des Kollisionsrechts noch nicht einmal in Erwägung gezogen hat, entspricht den Bewertungen der räumlichen Nähe durch das Zuständigkeitsrecht. Diese Bewertungen können in eine paritätische Verteilung der Gesetzgebungskompetenzen nach der ex-ante-Perspektive, die gegenständlich alle Ansprüche aus einem Rechtsverhältnis umfaßt, einfließen.

I. Die Perspektive des Zuständigkeitsrechts

Die Vorschriften über den allgemeinen Gerichtsstand, nach denen eine Klage am Wohnsitz (§ 13 ZPO bzw. Art. 2 Abs. 1 GVÜ), am Sitz (§ 17 ZPO bzw. Art. 2 Abs. 1 i. V. Art. 53 Abs. 1 GVÜ) bzw. Aufenthalt (§ 16 ZPO) des Beklagten erhoben werden kann, beachten zwar den Grundsatz der Parität der staatlichen Kompetenzen. Sie beurteilen aber die räumliche Nähe des Sachverhalts allein nach den im Zeitpunkt der Klageerhebung geltenden Verhältnissen. Gäbe es nur diese Zuständigkeitsvorschriften, käme es zu einer einheitlichen Lokalisierung aus zuständigkeitsrechtlicher Sicht von Anspruch und synallagmatisch verknüpften Gegenanspruch nur, wenn beide Seiten ihren Wohnsitz etc. im selben Staat hätten. Gerade im Bereich vertrags- und deliktsrechtlicher Klagen sehen die Gesetze aber besondere Gerichtsstände vor, die auf den Zeitpunkt des fraglichen Geschehens abstellen[2]. So ist für den Gerichtsstand des Erfüllungsor-

---
[1] Die Rechtssprechung hat den Gedanken des fakultativen Kollisionsrechts niemals aufgegriffen; zur ablehnenden h.M. siehe 1. Teil, 2. Abschnitt, C I 2. Fn. 128.

[2] Zur Frage, inwieweit dem Zuständigkeitsrecht eine prinzipielle Kompetenz der lex fori entnommen werden kann, siehe 1. Teil, 2. Abschnitt, C I 1. und 2.

tes nach 29 Abs. 1 ZPO bzw. Art. 5 Abs. 1 GVÜ der Zeitpunkt des Vertragsschlusses maßgeblich. Dies wird insbesondere deutlich, wenn als Erfüllungsort der Ort bestimmt wird, an welchem der Schuldner zur Zeit der Entstehung des Schuldverhältnisses seinen Wohnsitz hatte[3]. Auch für das forum delicti commissi des § 32 ZPO bzw. Art. 5 Abs. 3 GVÜ sind nicht die Umstände im Zeitpunkt der Klageerhebung maßgebend. Der Erfüllungsort spielt bei der einheitlichen Lokalisierung eines Vertrages ebenso wie der Tatort bei der Anknüpfung des Deliktsstatuts eine entscheidende Rolle[4]. Daher läßt sich dem Zuständigkeitsrecht nicht entnehmen, daß es sich bewußt von der vom Kollisionsrecht angestrebten umfassenden paritätischen Lokalisierung eines Rechtsverhältnisses aus ex-ante-Sicht absetzt, so daß die Annahme, die Zuständigkeitsvorschriften statuierten einen prinzipiellen Vorrang der lex fori, nicht zu begründen ist[5]. Die innerhalb der herrschenden Meinung anzutreffende Ablehnung der Fakultativität des Kollisionsrechts[6] harmoniert daher mit der Perspektive des Zuständigkeitsrechts.

II. Art. 27 Abs. 2 Satz 1 EGBGB und die Annahme einer Wahl der lex fori durch die Rechtsprechung

Nach Art. 27 Abs. 2 Satz 1 EGBGB können die Parteien jederzeit vereinbaren, daß der Vertrag einem anderen Recht unterliegen soll als dem, das zuvor aufgrund einer früheren Rechtswahl oder aufgrund anderer Vorschriften für ihn maßgebend war.

Der BGH gelangte bisher in einer Vielzahl von Entscheidungen über vertragliche bzw. deliktische Ansprüche zur Anwendung deutschen Rechts, weil er aus dem Prozeßverhalten der Parteien auf eine stillschweigende Rechtswahl schloß[7]. Diese Rechtssprechung hat vehemente Kritik erfahren[8]. Sie wird nunmehr als von Art. 27 Abs. 2 Satz 1 EGBGB überholt angesehen, soweit sie sich auf vertragliche Ansprüche bezieht, da diese sich nicht mit dem Erfordernis des Art. 27 Abs. 2 Satz 1 EGBGB, nach dem eine Rechtswahl sich mit hinreichender Sicherheit aus den Umständen des Falles ergeben muß, vereinbaren lassen soll[9]. Dem ist sicherlich zuzustimmen, soweit die Rechtssprechung die angenommene

---

[3] So im materiellen deutschen Recht § 269 Abs. 1 BGB; für entsprechende autonome Bestimmung *Schack:* Erfüllungsort, Rz. 218; anders das französische Recht, das auf den Zeitpunkt der Leistung abstellt; siehe *Schack,* a.a.O., Rz. 238 m.w.N. in Fn. 17.

[4] Zur Bedeutung des Erfüllungsortes bei der Anknüpfung vertraglicher Beziehungen siehe oben B I 2.2. und 2.4. Grundregel des internationalen Deliktsrechts ist in Deutschland nach wie vor die Anknüpfung an den Tatort (*Kegel:* IPR, § 18 IV 1. a), S. 453).

[5] Beachte den Hinweis in Fn. 2.

[6] Vgl. Fn. 1.

[7] Nachweise enthalten die Fn. 10-13.

[8] *Schack,* NJW 1984, 2736, 2738 f. und IPrax 1986, 272, 273 f.; kritisch auch *Staudinger/ Firsching,* Vor. Art. 12, Rz. 327 f.

[9] *Werner Lorenz,* IPrax 1987, 269, 273; *Sandrock,* RIW 1986, 841, 847 f.

A. Die Wahl der lex fori nach deutschem Recht 117

Wahl auf die nicht vor dem Forum verfolgten vertraglichen Ansprüche erstreckte. Unklar ist dagegen, welche Aussagen sich dem reformierten EGBGB über die Zuständigkeit einer auf den geltend gemachten Anspruch beschränkten Rechtswahl entnehmen läßt.

Beschränkt man den Anwendungsbereich des Art. 27 Abs. 2 Satz 1 EGBGB auf die nachträgliche Vereinbarung des Vertragsstatuts, bleibt die bisherige Rechtssprechung von der Gesetzesreform unberührt, wenn sie nicht von einer Geltung der lex fori für den gesamten Vertrag, sondern lediglich den erhobenen Anspruch infolge einer nachträglichen Rechtswahl ausgegangen ist. Der Bundesgerichtshof hat bisher die Zugrundelegung deutschen Rechts nicht nur gebilligt, wenn sich keine Partei gegen die Anwendung deutschen Rechts in der Revision wandte[10], sondern bereits dann, wenn im Berufungsverfahren kein Einwand erhoben wurde[11]. Dem erstinstanzlichen Verhalten der Parteien hat er ausschlaggebende Bedeutung zugemessen, wenn die Parteien sich auf deutsche Normen bezogen[12]. Diese Kriterien deuten auf eine Legitimation der Anknüpfung an deutsches Recht infolge rügelosen Verhandelns unter deutschem Recht hin[13]. Die Parallele zur Begründung der Zuständigkeit des angerufenen Gerichts infolge konkludenter Unterwerfung durch Unterlassen der Rüge der internationalen Unzuständigkeit durch den Beklagten nach § 39 ZPO bzw. Art. 18 GVÜ[14] läßt es zumindest als denkbar erscheinen, daß der BGH nicht daran dachte, den gesamten Vertrag, sondern lediglich den erhobenen Anspruch der lex fori zu unterwerfen. Dem entspricht es auch, daß der BGH zuweilen von einem still-

---

[10] Z. B. BGH v. 10.6.1970 = WM 1970, 958, 959 = IPRspr. 1970 Nr. 13a; BGH v. 11.10.1973 = WM 1973, 1376 = IPRspr. 1973 Nr. 12, S. 33; BGH v. 9.2.1977 = WM 1977, 478 = IPRspr. 1977 Nr. 11, S. 34; BGH v. 20.3.1978 = WM 1978, 873, 874 = IPRspr. 1978 Nr. 11, S. 19.

[11] Z. B. BGH v. 7.3.1973 = WM 1973, 382 = BB 1973, 635 = IPRspr. 1973 Nr. 5; BGH v. 1.4.1974 = WM 1974, 558 = AWD 1974, 494 = IPRspr. 1974 Nr. 150, S. 389.

[12] Vgl. BGH v. 15.1.1986 = IPrax 1986, 292, 293 = ZIP 1986, 366, 367 = WM 1986, 527, 528. Früher hat der BGH aus einem Verhandeln unter deutschem Recht nicht auf eine im Prozeß getätigte Rechtswahl geschlossen, sondern es als Indiz für eine schon beim Vertragsschluß getroffene stillschweigende Rechtswahl gewertet (BGH v. 19.3.1956 = IPRspr. 1956 u. 1957, Nr. 23a). Die Geltung deutschen Rechts infolge erstinstanzlichem Prozeßverhalten kommt nur in Betracht, wenn die Parteien sich tatsächlich auf deutsche Rechtsnormen berufen (BGH v. 7.5.1969 = WM 1969, 772 = DB 1969, 1053 = LM Nr. 33 zu Art. 7 ff. EGBGB = IPRspr. 1969 Nr. 31, S. 61).

[13] In diesem Sinne deutet, wenn auch kritisch, *Schack*, NJW 1984, 2736, 2739, die Rechtsprechung.

[14] Sowohl § 39 ZPO als auch Art. 18 GVÜ knüpfen an eine, wenn auch typisierte Unterwerfungserklärung des Beklagten an (*Geimer:* IZPR, RZ. 1397; *Geimer/Schütze* § 97 IV 1.).

[15] Siehe Nachweise in Fn. 11 sowie BGH v. 15.1.1986 (oben Fn. 12); undifferenziert von der Maßgeblichkeit deutschen Rechts ausgehend, teilweise aber auch einen Willen der Parteien, ihr Rechtsverhältnis deutschem Recht zu unterstellen, zugrundelegend dagegen BGH in Fn. 10.

118   2. Teil, 3. Abschn.: Prozeßverhalten als Geltungsgrund für die lex fori

schweigenden Einverständnis mit der Beurteilung der Rechtsbeziehungen nach deutschem Recht spricht[15].

B. Der Einredecharakter der französischen Kollisionsrechtsnormen

I. Der kollisionsrechtliche Aussagegehalt des französischen Zuständigkeitsrechts

Nach der Rechtssprechung wird die Frage der internationalen Zuständigkeit bei Beteiligung eines französischen Staatsbürgers ausschließlich von den Artt. 14 und 15 C.civ.[16] beantwortet[17]. Die moderne Doktrin versteht Artt. 14 und 15 C.civ. dagegen lediglich als Ergänzung der Vorschriften über die örtliche Zuständigkeit, denen zugleich die internationale Kompetenz zu entnehmen sei[18]. Folgt man der Rechtssprechung und beachtet man, daß beide Artikel nicht die Bemühung erkennen lassen, die Ansprüche in Anlehnung an die kollisionsrechtliche Betrachtung paritätisch zu lokalisieren, liegt es nahe, den beiden Vorschriften die grundsätzliche Anweisung zu entnehmen, französisches Recht anzuwenden. Hinzu kommt ein weitgehendes Fehlen gesetzlicher Kollisionsnormen[19].

II. Die französische Rechtsprechung zur Anwendung ausländischen Rechts

Seit der Entscheidung Bisbal vom 12.5.1959 gilt, daß die französischen Gerichte nicht vom Amts wegen gehalten sind, ausländisches Recht anzuwenden[20]. Diese Regel ist in einer Vielzahl von Entscheidungen zum Vertrags-[21] und Deliktsstatut[22] mit Beteiligung französischer Staatsbürger aufrechterhalten worden.

---

[16] Vgl. die Ausführungen in 1. Abschnitt, A II 1.1.

[17] Cass.civ. v. 11.10.1967 = Rev.crit. 1968, 105, 106.

[18] *Foyer,* Rev.crit. 1968, 105, 110 f., *Batiffol/Lagarde* II, Bem. 669-1, 683, Fn. 1.

[19] Vgl. 1. Teil, 2. Abschnitt, C II 2.

[20] Rev.crit. 1960, 62, 63 = Clunet 1960, 812.

[21] Cass.civ. v. 25.1.1967 = Rev.crit. 1968, 74, 76; Cass.soc. v. 8.10.1969 = Rev.crit. 1970, 684, 686; Cass.civ. v. 9.3.1983 = JCP 84 II 20295.

[22] Cass.civ. v. 24.1.1984 = Rev.crit. 1985, 89, 92.

[23] a.a.O.

[24] Zu entsprechenden Definitionsversuchen der Literatur siehe 1. Teil, 2. Abschnitt, C I 1. Zur Anwendung des Ehestatuts von Amts wegen vgl. die nicht eindeutig interpretierbare Entscheidung Cass.civ. vom 25.5.1987 = Clunet 1987, 927 f.; zum Kindschaftsrecht Cass.civ. vom 25.11.1986 = Rev.crit. 1987, 383 f.

B. Der Einredecharakter der französischen Kollisionsrechtsnormen

Während die Entscheidung Bisbal, in der es um die Scheidung zweier Spanier ging, für eine unbeschränkte Parteiherrschaft über die Kollisionsnormen sprach, hat der Cour de Cassation jüngst herausgestellt, daß er die Verneinung einer Amtspflicht, ausländisches Recht anzuwenden, auf die Fälle beschränken will, in denen die Kollisionsnorm zur Disposition der Parteien steht[23]. Wann dies der Fall sein soll, definierte er allerdings nicht näher[24].

Nicht ausdrücklich geklärt ist, ob zwar keine Pflicht, so aber doch ein Recht für den Richter besteht, ausländisches Recht anzuwenden, auch wenn keine Partei sich darauf beruft. Kurze Zeit nach der Entscheidung Bisbal hat der Cour de Cassation es für gut empfunden, daß ein zweitinstanzliches Gericht dem Inhalt der ausländischen Rechtsordnung nachgegangen ist, obwohl die Parteien nicht die Anwendung der Kollisionsnorm begehrt hatten[25]. Später sprach die Handelskammer des Obersten Französischen Gerichts einmal lax von einer Bezugnahme von Amts wegen auf eine ausländische Rechtsnorm[26]. Diese Entscheidungen haben die Frage aufkommen lassen, ob die in der Entscheidung Bisbal aufgestellte Regel weniger kollisionsrechtlicher Natur sei, als eine Aussage über die Amtsermittlungspflichten und -rechte des Gerichts darstellt[27]. Eine Deutung der Rechtssprechung in dem Sinne, daß die geltend gemachten Ansprüche grundsätzlich dem Recht des Forumstaats unterliegen, ist aber möglich. In der Entscheidung aus dem Jahr 1971[28] war die kollisionsrechtliche Frage ausdrücklich durch eine Rechtsnorm geregelt. Deshalb erscheint es schwierig, der Zuständigkeitsnorm den Befehl zu entnehmen, grundsätzlich das einheimische Recht anzuwenden[29].

Das Urteil vom 2.3.1960[30] betraf ebenfalls einen Sonderfall. Im Rahmen eines Anerkennungsverfahrens trat die Frage auf, ob ein ausländisches Urteil mittlerweile nicht bereits nach dem Prozeßrecht des ausländischen Staats verfallen wäre. Da vieles dafür spricht, einem ausländischen Urteil im Inland keine größere Wirkung zuzumessen, als ihm im Staat, dessen Hoheitsträger es erlassen hat, zukommt[31], war auch hier eine grundsätzliche Geltung der lex fori fehl am Platze.

---

[25] Cass.civ. v. 2.3.1960 = Rev.crit. 1960, 97.
[26] Cass.com. v. 28.6.1971 = Rev.crit. 1973, 64, 66.
[27] In diesem Sinne *Batiffol* (Rev.crit. 1968, 74, 78) im Anschluß an Cass.civ. v. 25.1.1967 (oben Fn. 21). Dort lautet der Leitsatz Nr. 3: „C'est à bon droit qu'une Cour d'appel décide qu'elle n'était tenue ni de rechercher ni d'appliquer d'office une loi étrangère, après avoir souligné qu'elle ne possédait aucun renseignement sur la teneur de la loi étrangère question et que les parties n'avaient ni l'une ni l'autre réclamé l'application de ladite loi."

Vierter Abschnitt
Zusammenfassung und Vergleich

Zusammenhänge zwischen Zuständigkeitsrecht und Privatautonomie im Kollisionsrecht lassen sich sowohl in der französischen als auch in der deutschen Rechtspraxis nachweisen. Dabei zeichnet sich folgendes Bild ab:

Das autonome französische Recht weist die gerichtliche Kompetenz sowohl für Klagen eines französischen Staatsbürgers als auch gegen einen französischen Staatsbürger grundsätzlich den einheimischen Gerichten zu. Der Verzicht auf dieses Gerichtsstandsprivileg setzt bei Klagen im Zusammenhang mit einem Vertrag die Internationalität des Vertrages voraus. Die Internationalität des Vertrages wird pragmatisch beurteilt. Immer dann, wenn die Interessen des internationalen Handels eine Anerkennung einer Schiedsklausel bzw. Gerichtsstandsvereinbarung verlangen, wird grundsätzlich ein Verzicht auf Artt. 14 und 15 C.civ. gebilligt. Dem Pragmatismus folgend wird der Begriff des internationalen Vertrages in sozial motivierten Rechtsbereichen, insbesondere wenn die Frage nach der Zuständigkeit von Gerichtsstandsklauseln in Arbeitsverträgen ansteht, enger gezogen. Streitigkeiten aus Arbeitsverträgen zwischen einem französischen Arbeitgeber und einem französischen Arbeitnehmer, die im Ausland ausgeführt werden, können mangels ausreichendem Auslandsbezug nicht kraft Vereinbarung dem Zugriff französischer Gerichte entzogen werden.

Die Wahl eines ausländischen Rechts zum Vertragsstatut ist ebenfalls nur bei Vorliegen eines internationalen Vertrages möglich[1]. Auch hier bilden die Interessen des internationalen Handels ein Auslegungskriterium. Bei Arbeitsverträgen mit einem französischen Arbeitnehmer ist die Wahl einer ausländischen Rechtsordnung bisher von der Rechtssprechung nur abgesegnet worden, wenn die Arbeit im Ausland zu erfüllen und der Arbeitgeber ein Ausländer war.

Nach deutschem Zuständigkeitsrecht, sei es autonom oder staatsvertraglich, besteht keine grundsätzliche Kompetenz der einheimischen Gerichte für Streitigkeiten aus einem Vertrag. Vielmehr werden die Kompetenzen für den Anspruch und Gegenanspruch gleichmäßig verteilt. Das staatsvertragliche Zuständigkeitsrecht gewährt Vertragspartnern bereits bei Vorliegen geringwertiger

---

[1] Es deuten sich Abweichungen von dem Grundsatz an, nach dem bei Internationalität des Vertrages immer Rechtswahl möglich ist, soweit das autonome Zuständigkeitsrecht vom GVÜ verdrängt wird (siehe 1. Abschnitt, II 4.2.). Insoweit erscheint das sogleich zum deutschen Recht Gesagte maßgeblich.

Bezüge zum Ausland Prorogationsfreiheit. Bei Arbeitsverträgen werden Gerichtsstandsklauseln nach autonomem Zuständigkeitsrecht im Einzelfall darauf untersucht, ob sie der Schutzbedürftigkeit des Arbeitnehmers widersprechen. Die Rechtssprechung läßt erkennen, daß dies nur der Fall ist, wenn für Klagen des Arbeitnehmers im Inland ein Klägergerichtsstand nach den allgemeinen Zuständigkeitsvorschriften eröffnet ist und der Arbeitnehmer nur im Inland verklagt werden kann. Das GVÜ enthält gegenwärtig keine Beschränkung der Prorogation in Arbeitsverträgen. Bei Mietrechtsstreitigkeiten sind die Gerichte am Ort der vermieteten Wohnung bzw. des vermieteten Grundstücks sowohl nach autonomem als auch staatsvertraglichem Recht ausschließlich zuständig. In Verbrauchersachen kreiert das GVÜ für bestimmte Fallgestaltungen einen besonderen Gerichtsstand für Klagen gegen den Vertragspartner im Wohnsitzstaat des Verbrauchers, wohingegen der Verbraucher nur vor seinen Heimatgerichten verklagt werden kann. Von dieser Zuständigkeitsordnung kann zum Nachteil des Verbrauchers nicht abgewichen werden.

Rechtswahl im vertraglichen Bereich ist – entsprechend den Wertungen des GVÜ – nach deutschem Recht, bei dem es sich um eine Transformation europäischen Staatsvertragsrechts handelt, bereits zulässig, wenn auch nur ein Anknüpfungspunkt in Richtung Ausland weist. Bei Arbeits- und Verbraucherverträgen ist ein Unterschreiten des von der Rechtsordnung, die bei Fehlen einer Rechtswahl anzuwenden wäre, zwingend vorgeschriebenen Vertragsstandards nicht möglich. Die objektive Bestimmung des Statuts für Verbraucherverträge enthält dabei schon im Wortlaut der Regelung auffällige Parallelen zur Zuständigkeitsnorm des GVÜ. Dagegen läßt das europäische Zuständigkeitsrecht nicht ohne weiteres erkennen, wo der Arbeitsvertrag aus zuständigkeitsrechtlicher Sicht objektiv zu lokalisieren ist. Folgt man aber der Rechtssprechung des europäischen Gerichtshofes zur Anwendung des Art. 5. Abs. 1 GVÜ auf Arbeitsverträge, besteht zwischen zuständigkeitsrechtlicher und kollisionsrechtlicher Bewertung der räumlichen Nähe des Arbeitsvertrages lediglich der Unterschied, daß die Lokalisierung des Arbeitsvertrages in dem Staat, in dem der Arbeitnehmer in Erfüllung des Arbeitsvertrages gewöhnlich seine Arbeit verrichtet, im Zuständigkeitsrecht derzeit nicht zwingend ausgestaltet ist[2]. Bei Mietverträgen ergibt sich der Gleichlauf durch Sonderanknüpfung der einheimischen Mietrechtsvorschriften auf Verträge, die sich auf im Inland belegene Wohnungen und Grundstücke beziehen.

Ein Anspruchsdenken, wie es dem Prozeßrecht und damit dem Zuständigkeitsrecht entspricht, zeigt sich im internationalen Vertragsrecht daran, daß vertragsrechtliche Normen weitgehend einem einheitlichen Statut unterliegen. Lediglich in den Rechtsverhältnissen des Sonderprivatrechts werden sozial

---

[2] Es wurde bereits darauf hingewiesen, daß diese Abweichung des Zuständigkeits- vom Kollisionsrecht nicht den Absichten der Verfasser des GVÜ entsprach (siehe 2. Teil, 1. Abschnitt, A I 4.1. a) bei Fn. 31).

motivierte Normen und klassisches Privatrecht getrennt angeknüpft. Vorschriften, die wegen des ihnen zugrundeliegenden Gerechtigkeitsgehalts auch bei Beachtung der Bezüge zum Ausland als unverzichtbar angesehen werden, berücksichtigt man über den ordre public gesondert. Über den ordre-public-Vorbehalt erfährt aber auch im Anerkennungsrecht die mit der Annerkennungszuständigkeit grundsätzlich verbundene Kompetenz des ausländischen Gerichts zur Beurteilung der erhobenen Klage eine Korrektur. Prozessuales Denken äußert sich ebenfalls in der von beiden Rechtsordnungen abgelehnten Rechtswahlbefugnis im internationalen Sachenrecht. Ein Übergreifen auf ein fremdes Prozeßverhältnis wird nicht gebilligt.

Rechtswahl im Deliktsstatut wird im französischen Recht nicht diskutiert. Erklären läßt sich dies vielleicht dadurch, daß ebenso wie die Freiheit, die Gerichtszuständigkeiten aus Artt. 14 und 15 C.civ. zu derogieren, die Privatautonomie im internationalen Vertragsrecht sich durch die Interessen des internationalen Handels legitimiert, die im Deliktsrecht keine Bedeutung haben. Das deutsche Recht steht infolge der unmittelbar durch Gesetz erfolgten Zuweisung der Zuständigkeit an ausländische Gerichte sowohl im vertrags- als auch deliktsrechtlichen Bereich einer Erstreckung der Rechtswahlbefugnis auf das Deliktsstatut wesentlich unbefangener gegenüber. Eine Heranziehung des aufgrund Rechtswahl für vertragliche Ansprüche geltenden Statuts für den deliktischen Bereich kommt aber nur in Betracht, wenn die Gerichte des Staates, dessen Rechtsordnung gewählt wurde, aufgrund derselben Norm des Zuständigkeitsrechts befugt sind, den ihnen vorgelegten Sachverhalt sowohl in vertrags- als auch deliktsrechtlicher Sicht zu würdigen.

Die unparteiische Lokalisierung von vertraglichem Anspruch und Gegenanspruch durch das deutsche Zuständigkeitsrecht läßt sich für die Anknüpfung des Vertragsstatuts bei fehlender Rechtswahl nutzbar machen. Anzuknüpfen wäre an das Recht des Staates, in dem sich der gemeinsame Erfüllungsort von Leistung und Gegenleistung befindet bzw. in dem sich ein solcher befände, falls er zu bestimmen wäre. Die Ermittlung des Erfüllungsortes würde dabei autonom, d. h. unabhängig vom materiellen Recht erfolgen. Die Anknüpfung an den gemeinsamen Erfüllungsort würde überlagert von der Anknüpfung an den gemeinsamen Wohnsitz bzw. Sitz, weil sich in einer solchen Konstellation das Vertragsforum in dem Wohnsitz- bzw. Sitzstaat befände. Entsprechendes müßte gelten, wenn die Niederlassung eines Vertragspartners, auf die der Vertrag sich bezieht, sich im Sitz- oder Wohnsitzstaat des anderen befindet, bzw. wenn die maßgeblichen Niederlassungen beider Vertragspartner sich im selben Staat befinden. Es bleibt allerdings abzuwarten, ob Art. 28 EGBGB in der Rechtspraxis diese Ausrichtung erhält. Anhaltspunkte für eine entsprechende Auslegung können der Bestimmung entnommen werden, wobei zusätzlich zu berücksichtigen ist, daß das Prinzip der charakteristischen Leistung, dem sich Art. 28 Abs. 2 EGBGB offenbar verschrieben hat, nicht geeignet ist, eine einheitliche Erklärung für sämtliche Anknüpfungsregeln des Art. 28 EGBGB zu liefern und die Unterordnung des Prinzips der charakteristischen Leistung unter den Grundsatz der engsten Verbindung, die nach Art. 28 Abs. 1 EGBGB die oberste Anknüpfungsmaxime bildet, schwer nachzuvollziehen ist. Jedenfalls harmoniert die Anknüpfung an das Vertragsforum sowie das sich daraus ableitende Prinzip des gemeinsamen Erfüllungsortes anders als die Anknüpfung an die charakteristische Leistung mit dem Konsensprinzip[3].

Dem Prinzip des Vertragsforums bzw. des gemeinsamen Erfüllungsortes ähnliche Tendenzen finden sich im französischen Recht wieder, auch wenn dessen Zuständigkeitsrecht Aussagen über die objektive Lokalisierung eines Vertrages deshalb wenig entnommen werden können, weil es ausländische Entscheidungen im Falle eines Verzichts auf die Gerichtsstandsprivilegien der Artt. 14 und 15 C.civ. bereits dann anerkennt, wenn die Bejahung seiner Zuständigkeit durch den ausländischen Richter nicht offensichtlich unbillig ist. Enthält der Vertrag eine Gerichtsstandsklausel, wird das Recht am Gerichtsort zugrundegelegt. An den Erfüllungsort einer Verpflichtung wird angeknüpft, wenn dieser besonders prägnant, sprich eindeutig, in einem Staat zu lokalisieren ist. Dies ist zum Beispiel bei der Pflicht eines Handelsvertreters oder Rechtsanwalts der Fall. Überlagert wird die Anknüpfung an den Erfüllungsort, wenn die exogenen Vertragselemente wie gemeinsame Staatsangehörigkeit und gemeinsamer Wohnsitzstaat der Vertragspartner auf eine andere Rechtsordnung hinweisen, der Abschlußort sich in dem Staat befindet, dem beide Vertragspartner angehören bzw. in dem beide Vertragspartner leben, und der Vertrag sich nicht in weitere wirtschaftliche Aktivitäten der Vertragspartner in dem Staat, in dem sich der Erfüllungsort der maßgeblichen Verpflichtung befindet, einreiht. Kommt dem Erfüllungsort keine besondere Prägnanz zu, wird an die gemeinsame Staatsangehörigkeit, im übrigen an den Abschlußort angeknüpft. Daneben beeinflussen noch die Anlehnung des Vertragstextes an eine Rechtsordnung sowie der materielle Gehalt der jeweiligen Rechtsordnung die Anknüpfung, so daß der Bestimmung des Vertragsstatuts eine Trennung zwischen stillschweigendem und hypothetischen Parteiwillen fremd ist.

Das deutsche Recht differenziert dagegen spätestens seit der IPR-Reform streng zwischen der Anknüpfung an den stillschweigenden Parteiwillen, der als ein konkretes Wahrscheinlichkeitsurteil über den Parteikonsens zu verstehen ist, und der Ausrichtung an objektive Anknüpfungsfaktoren, wie es Art. 28 EGBGB vorschreibt, und die sich, falls man der hier vertretenen Auslegung des Art. 28 EGBGB folgt, als ein abstraktes Wahrscheinlichkeitsurteil über den Parteikonsens darstellt.

Dieser Unterschied zwischen beiden Rechtsordnungen dürfte darauf zurückzuführen sein, daß sich dem deutschen Zuständigkeitsrecht selbst, wie oben

---
[3] Siehe 1. Teil, 2. Abschnitt, B II 5.

dargelegt, eine dem Konsensprinzip entsprechende Lokalisierung des Vertrages entnehmen läßt. Die Frage ist dann, inwieweit sich die Parteien konkret auf eine andere Rechtsordnung geeinigt haben. Infolge des Fehlens einer gesetzlichen Anleitung, die es erlaubt, Kriterien für einen abstrakten Parteikonsens festzusetzen, bestimmt die französische Rechtsprechung dagegen das Vertragsstatut nach der sich aus den psychologischen und materiellen Faktoren des Sachverhalts ableitenden Wahrscheinlichkeit eines bestimmten Parteiwillens.

Der kollisionsrechtliche Aussagegehalt der französischen Zuständigkeitsvorschriften wird besonders deutlich in dem durch die französische Rechtsprechung herausgestellten Einredecharakter der Kollisionsnormen. Die Ablehnung einer Pflicht, von Amts wegen das von der Kollisionsnorm berufene ausländische Recht anzuwenden, legt es nahe, den Artt. 14 und 15 C.civ., die die grundsätzliche Kompetenz einheimischer Gerichte festschreiben, zu entnehmen, daß grundsätzlich französisches Recht anzuwenden ist. Die Annahme einer prinzipiellen Kompetenz der lex fori kommt dagegen nach dem deutschen Zuständigkeitsrecht nicht in Betracht. Dieses läßt erkennen, daß es sich der auf das gesamte Rechtsverhältnis ausgerichteten und auf den Zeitpunkt des fraglichen Geschehens abstellenden paritätischen Kompetenzverteilung durch das Kollisionsrecht unterordnet. Diskussionswürdig ist allenfalls, inwieweit entsprechend der Vorschrift über die Begründung der gerichtlichen Kompetenz durch rügeloses Einlassen nicht ein rügeloses Verhandeln unter deutschem Recht zur Geltung der lex fori für den erhobenen Anspruch führt. In diesem Sinne dürfte die heftig kritisierte Rechtssprechung des BGH zur Anknüpfung an das Prozeßverhalten im internationalen Vertragsrecht zu verstehen sein. Ob die Rechtsprechung nach Einführung des Art. 27 Abs. 2 Satz 1 EGBGB aufrechterhalten wird, bleibt abzuwarten.

Schlußwort

Mit dem Inkrafttreten des Gesetzes zur Neuregelung des IPR am 1.9.1986 ist die Parteiautonomie auch in das internationale Familien- und Erbrecht vorgedrungen. Schon sind die ersten Auslegungsprobleme hervorgetreten[1]. Schon wird Kritik an den Regelungen laut[2]. Die Rechtswahlbefugnis wird dabei sowohl als Verlängerung der materiell-rechtlichen Privatautonomie als auch ein Mittel, aus der Anknüpfungsverlegenheit zwischen mehreren, rechtspolitisch annähernd gleichwertigen Anknüpfungspunkten herauszuhelfen, verstanden[3]. Beide Deutungen der Rechtswahlbefugnis vermitteln jedoch zumindest nicht mit der gewünschten Klarheit ein prinzipielles Konzept der Parteiautonomie[4]. Abschließend soll deshalb der Frage nachgegangen werden, inwieweit die hier entwickelte These vom grundsätzlichen Gleichlauf zuständigkeits- und kollisionsrechtlicher Bewertung bei der Auslegung der neuen Vorschriften von Nutzen sein kann. Ebenso soll die Aussagekraft dieser These zur Privatautonomie im internationalen Privatrecht in den Bereichen angesprochen werden, deren gesetzliche Regulierung Unzufriedenheit hervorgerufen hat.

Im internationalen Familienrecht sehen Art. 14 Abs. 2 und 3 EGBGB für Fragen der allgemeinen Ehewirkungen und Art. 15 Abs. 2 EGBGB für das Güterrechtsstatut die Wahl zwischen mehreren Rechtsordnungen durch die Eheleute vor. Nach Art. 14 Abs. 2 können die Ehegatten, falls ein Ehegatte mehreren Staaten angehört, das Recht eines dieser Staaten wählen, wenn ihm auch der andere Ehegatte angehört, auch wenn die gewählte Rechtsordnung nicht mit dem nach Art. 5 Abs 1 EGBGB im Falle mehrfacher Staatsangehörigkeit maßgeblichen Recht – insbesondere dem Recht der effektiven Staatsangehörigkeit – übereinstimmt. Zu dieser Vorschrift ist zum einen die Frage aufgetreten, ob die Eheleute auch die Rechtsordnung wählen können, die bereits nach Art. 14 Abs. 1 Nr. 1 wegen der gemeinsamen Staatsangehörigkeit der Ehepartner anwendbar wäre, wenn auf Seiten des Mehrstaatlers nur die in Art. 5 Abs 1 EGBGB vorgesehene Staatsangehörigkeit Berücksichtigung findet. Die Antwort auf diese Frage hat Bedeutung im Falle eines Renvoi durch die ausländische Rechtsordnung. Nach Art. 4 Abs 1 EGBGB ist er bei einer objektiven Anknüpfung beachtlich, dagegen führt nach Art. 4 Abs 2 EGBGB eine

---

[1] Siehe *Kühne*, IPrax 1987, 69 ff.
[2] *Siehr*, IPrax 1987, 4, 8.
[3] *Kühne*, IPrax 1987, 69.
[4] Vgl. 1. Teil, 1. Abschnitt, A II 2. bei Fn. 26 und III. bei Fn. 27 und 28.

Rechtswahl unmittelbar ins Sachrecht der gewählten Rechtsordnung. Rechtfertigt sich die Geltung einer Rechtsordnung aus der Übertragung zuständigkeitsrechtlicher Bewertungen ins Kollisionsrecht und beinhaltet Rechtswahl die Befugnis, zwischen den Rechtsordnungen auszuwählen, die nach dieser Bewertung auf das in Rede befindliche Rechtsverhältnis angewandt werden können, so besteht kein Anlaß, das nach Art. 14 Abs. 1 Nr. 1 i. V. mit Art. 5 Abs 1 EGBGB anwendbare Recht aus dem Kreis der wählbaren Rechtsordnungen auszuschließen[5].

Man wird Art. 14 Abs 2 EGBGB auch nicht als abschließende Regelung in Fällen der Mehrstaatigkeit eines Ehegatten ansehen können. Vielmehr ist den Eheleuten auch in diesen Fällen Rechtswahl im Umfang des Art. 14 Abs 3 EGBGB eröffnet[6]. Daher können Eheleute, solange die nach Art. 5 Abs 1 EGBGB maßgebliche Staatsangehörigkeit des Mehrstaatlers nicht der Staatsangehörigkeit des anderen Ehepartners entspricht, das Recht des Staates wählen, dem ein Ehegatte angehört. Dies ergibt folgende Überlegung. Aus zuständigkeitsrechtlicher Sicht wird ein Anspruch am Wohnsitz des Schuldners lokalisiert. Dem ist der Gesetzgeber im Kollisionsrecht der allgemeinen Ehewirkungen nicht gefolgt. Wie aus Art. 14 Abs 3 EGBGB folgt, werden Ansprüche aus dem Eheverhältnis grundsätzlich in dem Staate lokalisiert, dem der schuldende Ehegatte angehört, weil andernfalls keine Rechtfertigung dafür bestände, den Eheleuten das Recht zuzubilligen, die Rechtsordnung des Staates zu wählen, dem der schuldende Ehegatte angehört. Aus einem Ehevertrag ergeben sich allerdings Pflichten für beide Ehepartner. Jeder Ehegatte kann daher Schuldner einer ehevertraglichen Pflicht sein. Da es sich tunlichst empfiehlt, die korrespondierenden Pflichten der Ehegatten einem einheitlichen Statut zu unterstellen, keiner Staatsangehörigkeit eines Ehepartners aber den Vorrang vor der des anderen gewährt werden kann, hat es der Gesetzgeber in Art. 14 Abs 3 EGBGB den Ehepartnern überlassen, sich für die Staatsangehörigkeit eines Ehepartners zu entscheiden. Art. 5 Abs 1 EGBGB läßt einerseits erkennen, daß die effektive Staatsangehörigkeit den nach dem Zuständigkeitsrecht für die Lokalisierung des erhobenen Anspruchs maßgeblichen Wohnsitz des Schuldners ersetzt. Die weiteren Staatsbürgerschaften des Schuldners bleiben unberücksichtigt. Dann besteht aber kein Grund, von der aus Art. 14 Abs 3 EGBGB ersichtlichen Bewertung, nach der das eheliche Verhältnis in gleicher Nähe zu den Rechtsordnungen der Staaten steht, denen die Ehegatten jeweils angehören, im Falle einer gemeinsamen Staatsangehörigkeit der Eheleute, die auf einer Seite nicht die effektive ist, abzuweichen. Andererseits ist die Befugnis des Abs. 3 auf eine Wahl der Rechtsordnung des Staates zu beschränken, der ein Ehepartner effektiv angehört[7].

---

[5] I.E. ebenso *Kühne*, IPrax 1987, 69, 70 f.; a.A. *Palandt/Heldrich*, Art. 14 EGBGB Anm. 3a.

[6] *Kühne*, a.a.O., S. 71.

[7] *Kühne*, a.a.O.; *Wegmann*, NJW 1987, 1740, 1741; a.A. *Palandt/Heldrich*, Art. 14 EGBGB Anm. 3 b a.E.

Schlußwort

Ein Anlaß, die Rechtswahl nach Art. 14 Abs 3 Satz 2 EGBGB kraft Gesetzes beenden zu lassen, wenn die erworbene gemeinsame Staatsangehörigkeit diejenige des Staates ist, dessen Recht die Parteien gewählt haben, besteht nicht[8]. Die bereits vor diesem Ereignis gegebene räumliche Nähe des Eheverhältnisses zur gewählten Rechtsordnung wird nicht dadurch beseitigt, daß die Ehepartner nunmehr gemeinsam dem Staate angehören, dessen Recht vereinbart worden ist. Dagegen erlischt die Rechtswahl kraft Gesetzes, wenn die Eheleute ein anderes Recht gewählt haben. Dies gilt auch für den Fall, daß die gemeinsame Staatsangehörigkeit für einen Ehepartner nicht die effektive ist[9]. Zwar bestehen in einer solchen Konstellation noch Berührungspunkte zur Rechtsordnung des Staates, dem der Mehrstaatler effektiv angehört, weil sich andernfalls nicht erklären ließe, daß die Parteien nunmehr nach Art. 14 Abs 2 EGBGB das Recht dieses Staates wählen können. Der Gesetzgeber hat aber durch seine Differenzierung zwischen der Rechtswahlbefugnis nach Abs 2 und Abs. 3 zum Ausdruck gebracht, daß bei Vorliegen einer gemeinsamen Staatsangehörigkeit, auch wenn diese nicht die effektive für einen Ehepartner ist, die Interessenlage nicht identisch ist mit der im Falle unterschiedlicher Staatsbürgerschaften. Eine Fortgeltung des einmal gewählten Statuts kann deshalb nicht als mit dem Parteiwillen übereinstimmend angesehen werden.

Im Rahmen des Art. 15 Abs 1 EGBGB, nach dem die güterrechtlichen Wirkungen der Ehe dem bei der Eheschließung für die allgemeinen Wirkungen der Ehe maßgeblichen Recht unterliegen, besteht das Problem der Rückverweisung bei einem durch Rechtswahl bestimmten Ehewirkungsstatut[10]. Entscheidend ist dabei, ob die Wahl eines Ehestatuts gleichzeitig die allgemeinen Ehewirkungsfragen als auch die güterrechtliche Seite der Ehe erfaßt, so daß nach Art. 4 Abs 2 EGBGB eine Rückverweisung ausscheidet, oder ob die Anbindung des Güterstatuts an das Ehewirkungsstatut auf objektiven Gesichtspunkten beruht. Im letzteren Fall wäre nach Art. 4 Abs 1 EGBGB die Rückverweisung durch das Recht des Staates, auf das Art. 15 Abs 1 EGBGB verweist, zu beachten. Aus zuständigkeitsrechtlicher Sicht bestehen, wie 621 ZPO nahelegt, keine Bedenken gegen die Annahme einer Parallelität der kollisionsrechtlichen Interessen, so daß man im Grundsatz eine Rechtswahl auf die gesamten Wirkungen der Ehe erstrecken wird[11]. Ein Renvoi scheidet daher aus[12].

Art. 15 Abs 2 Nr 3 EGBGB gewährt Eheleuten das Recht, ihr unbewegliches Vermögen in bezug auf güterrechtliche Fragen dem Recht des Lagerortes zu

---
[8] *Kühne*, a.a.O., S. 72.
[9] *Palandt/Heldrich*, Art. 14 EGBGB Anm. 3 d; a.A. *Kühne*, a.a.O.
[10] Siehe hierzu *Kühne*, a.a.O., S. 73.
[11] Vgl. zum ähnlich gelagerten Problem im internationalen Deliktsrecht 1. Teil, 2. Abschnitt, A II 1. Dort ging es aber um die Erstreckung der Rechtswahl auf verschiedene Anspruchsgrundlagen, hier dagegen auf verschiedene Ansprüche.
[12] *Palandt/Heldrich*, Art. 15 EGBGB Anm. 1a; a.A. *Kühne*, IPrax 1987, 69, 73.

unterstellen. Die Bestimmung dient ausweislich der gesetzgeberischen Begründung nicht dem Interesse der Eheleute an einer durchsetzbaren Entscheidung, das tangiert wäre, wenn der Belegenheitsstaat sich eine ausschließliche jurisdiktionelle bzw. legislative Kompetenz zubilligt[13]. Die Eheleute haben somit nicht zwischen anspruchsbezogenen Faktoren der räumlichen Nähe auszuwählen. Vielmehr wird ihnen die Rechtswahl zur Erleichterung der Verfügung über ihre Vermögensgegenstände gewährt. Folglich können die Ehepartner die Rechtswahl auf ein einzelnes Grundstück beschränken und für die übrigen im selben Staat belegenen Grundstücke ein anderes Güterstatut gelten lassen[14]. Die Entscheidung, ob ein Vermögensgegenstand der Rechtsordnung, der die Eheleute am nächsten stehen, bzw. im Interesse seiner Verkehrsfähigkeit der lex rei sitae untersteht, kann für jeden Vermögensgegenstand getrennt erfolgen.

Eine nicht zu verstehende Ängstlichkeit hat man dem Gesetzgeber im Zusammenhang mit der Regelung des Art. 25 Abs 2 EGBGB vorgeworfen[15]. Danach kann der Erblasser für im Inland belegenes unbewegliches Vermögen in der Form einer Verfügung von Todes wegen deutsches Recht wählen. Nicht die Befriedigung berechtigter Bedürfnisse, sondern die Furcht, ein liberales Verweisungsrecht könne mißbraucht werden – so mutmaßt man – habe im Vordergrund der gesetzgeberischen Überlegungen gestanden haben[16]. Vielleicht war es aber auch lediglich die Komplexität der Interessen im Erbrecht, deren Trennung und Gewichtung noch aussteht, die den Gesetzgeber von der Gewährung einer weitergehenden Befugnis als der, für inländisches unbewegliches Vermögen deutsches Recht zu wählen, abhielt.

Aus prozessualer Sicht gliedert sich das Erbrecht in eine Vielzahl von Prozeßverhältnissen, deren gegenseitiges Bedingen einer Klärung bedarf. Rechtsstreitigkeiten können zwischen Nachlaßgläubigern und Erben, zwischen Erbprätendenten, zwischen Erben und Besitzern von Nachlaßgegenständen oder auch zwischen Erben und Pflichtteilsberechtigten erwachsen. Andererseits ist der Erblasser niemals Part eines Prozeßverhältnisses, so daß die Bedenken des Gesetzgebers, allein dessen Interessen in den Vordergrund zu stellen, verständlich sind. Es gilt eine Antwort auf die Frage zu finden, was den Erblasser berechtigt, z. B. auf das Prozeßverhältnis zwischen dem Testamentserben und dem Pflichtteilsberechtigten Einfluß zu nehmen. Der Hinweis auf die Testierfreiheit genügt nicht, denn er gibt keine Antwort auf die Frage nach der Begrenzung dieser Freiheit, die unbestreitbar gegeben ist.

---

[13] Vgl. den Bericht des BT-Rechtsausschusses, BT-Drucksache 10/5632, S. 42; anders *Kühne*, a.a.O.

[14] *Palandt/Heldrich*, Art. 15 EGBGB Anm. 36; *Lichtenberger*, DNotZ 1986, 644, 659; a.A. *Kühne*, a.a.O.; *Wegmann*, NJW 1987, 1740, 1743.

[15] *Siehr*, IPrax 1987, 4, 8.

[16] a.a.O.

Schlußwort

Der Einflußnahme auf ein fremdes Prozeßverhältnis entspricht es, den kollisionsrechtlichen Einstieg, soweit die Rechtswahlbefugnis des Erblassers in Rede steht, nicht mit der Frage beginnen zu lassen, welchem Recht der erhobene Anspruch unterliegt, sondern in den Mittelpunkt die Überlegung zu stellen, welche Grenzen der Einflußnahme durch den Erblasser gesetzt sind. Das Ergebnis dieser materiellrechtlichen Frage wird natürlich durch die Besonderheiten des heterogenen Sachverhalts beeinflußt. Aber ebenso wie im Falle Art. 11 EGBGB, der das Problem der Formwirksamkeit von Rechtsgeschäften behandelt, steht eine materiellrechtliche Frage, nicht die Geltung einer Rechtsordnung für ein Rechtsverhältnis am Anfang der Überlegungen.

Ähnliches dürfte dem Gesetzgeber vorgeschwebt haben, als er die Rechtswahlbefugnis auf das deutsche Recht beschränkte, um zu verhindern, daß die einheimischen Pflichtteilsvorschriften ausgeschaltet werden[17]. Damit hat er den Inhalt der deutschen Pflichtteilsvorschriften bei deutscher Staatsangehörigkeit des Erblassers als Mindeststandard vorgeschrieben.

Aus diesem Blickwinkel läßt sich auch die Frage nach der Bindungswirkung einer getätigten Rechtswahl lösen[18]. Wie auch 2278 Abs. 2 BGB nahelegt, kommt eine Bindung nur in Betracht, wenn materiellrechtliche Verfügungen getroffen werden. Die Bindungswirkung einer Verfügung richtet sich gemäß Art 26 Abs 5 EGBGB nach dem Recht, das im Zeitpunkt der Verfügung auf die Rechtsnachfolge von Todes wegen anzuwenden wäre[19]. Ein Anlaß, eine erbvertragliche Rechtswahl mit bindender Wirkung auszustatten, besteht daher nicht[20]. Ebenso ist eine Begrenzung der Rechtswahl auf einzelne Grundstücke zulässig[21]. Es ist materiellrechtlich nicht bedenklich, daß der Erblasser einige inländische Grundstücke dem deutschen Recht unterstellt, für andere dagegen an der Geltung seiner Heimatrechtsordnung festhält.

---

[17] Vgl. Bericht des BT-Rechtsausschusses, BT-Drucksache 10/5632, S. 44.

[18] Siehe hierzu *Kühne*, IPrax 1987, 69, 74.

[19] Art. 26 Abs. 5 EGBGB greift auch bei parteiautonomer Veränderung der Anknüpfung ein (*Kühne*, a.a.O.).

[20] *Kühne*, a.a.O.; i.E. ebenso *Siehr*, IPrax 1987, 4, 7; *Palandt/Heldrich*, Art. 25 EGBGB Anm. 2b; a.A. *Lichtenberger*, DNotZ 1986, 644, 665.

[21] *Siehr*, a.a.O.; *Lichtenberger*, a.a.O.; *Palandt/Heldrich*, a.a.O.; *Ferid*, Rz. 9-12, 12; a.A. *Kühne*, a.a.O.

Literaturverzeichnis

Audit, Bernard: Anmerkung zu Cour de cassation (Chambre commerciale), Urteil vom 8.7.1981 – Soc. L'Abeille c.Soc. Transports Terrestres, Maritimes et Fluviaux – in: Recueil Dalloz Sirey (Paris), 1982, Informations Rapides, S. 73.

Bar, Christian von: Internationales Privatrecht, Bd. 1: Allgemeine Lehren, München 1987.

Bar, Ludwig von: Theorie und Praxis des Internationalen Privatrechts, Bd. 2, 2. Aufl., Hannover 1889.

Batiffol, Henri: Les conflits de lois en matière de contrats, Paris 1938.

– Aspects philosophiques du droit international privé, Paris 1956.

– Le rôle de la volonté en droit international privé, in: Archives de Philosophie du Droit, Nouvelle Série: Le rôle de la volonté dans le droit (Paris), 1957, S. 71 ff.

– Objectivisme et subjectivisme dans le Droit international privé des contrats, in: Mélanges offerts à Jacques Maury, Bd. 1, S. 39 ff., Paris 1960.

– Zur Parteiautonomie im IPR, in: Zeitschrift für Rechtsvergleichung (Wien), Bd. 1 (1960), S. 49 ff.

– Observations sur les liens de la compétence judiciaire et la compétence législative, in: De conflictu legem. Mélanges offerts à Roeland Duco Kollewijn et Johannes Offerhaus, S. 55 ff., Leiden 1962.

– Anmerkung zu Cour de cassation (Chambre civile), Urteil vom 25.1.1967 – Alary c. Jouandeau – in: Revue critique de droit international privé (Paris), 1968, S. 74 ff.

– Le pluralisme des méthodes en droit international privé, in: Recueil des cours de la Haye de l'Academie de droit international, Bd. 139 (1973 II), S. 75 ff.

– Anmerkung zu Cour de cassation (Chambre civile), Urteil vom 29.10.1974 – National Commercial Bank c.Soc. Entreprise Jean Lefebvre – in: Revue critique de droit international privé (Paris), 1976, S. 91 ff.

Batiffol, Henri und *Lagarde,* Paul: Droit International privé, 7. Aufl., Bd. 1, Paris 1981, Bd. 2, Paris 1983.

Böhmer, Christof: Das deutsche Gesetz zur Neuregelung des Internationalen Privatrechts von 1986, in: Rabels Zeitschrift für ausländisches und internationales Privatrecht, Bd. 50 (1986), S. 646 ff.

Bourel, Pierre: Les conflits de lois en matière d'obligations extracontractuelles, Paris 1961.

Bülow, Arthur und *Böckstiegel*, Karl-Heinz: Der internationale Rechtsverkehr in Zivil- und Handelssachen (zitiert: Bearbeiter in Bülow/Böckstiegel), München 1985.

Carbonnier Jean: Droit civil, Bd. 4 = Les obligations, 6. Aufl., Paris 1969.

Curti-Gialdino, Agostino: L'autonomie de la volonté des parties en droit international privé, in: Recueil des cours de la Haye de l'Académie de droit international, Bd. 137 (1972 III), S. 751 ff.

Däubler, Wolfgang: Das neue Internationale Arbeitsrecht, in: Recht der Internationalen Wirtschaft (Heidelberg), 1987, S. 249 ff.

Dölle, Hans: Die Rechtswahl im Internationalen Erbrecht, in: Rabels Zeitschrift für ausländisches und internationales Privatrecht, Bd. 30 (1966), S. 205 ff.

Ferid, Murad: Internationales Privatrecht. 3. Aufl., Frankfurt a.M. 1986 = JA-Sonderheft 13.

Firsching, Karl: Einführung in das internationale Privatrecht einschließlich der Grundzüge des internationalen Verfahrensrecht, 3. Aufl., München 1987.

Flessner, Alex: Fakultatives Kollisionsrecht in: Rabels Zeitschrift für ausländisches und internationales Privatrecht, Bd. 34 (1970), S. 547 ff.

Foyer, Jean: Anmerkung zur Cour de cassation (Chambre civile), Urteil vom 11.1.1967 – Dame Stanton et autres c. de Crousnillon – in: Revue critique de droit international privé (Paris), 1968, S. 105 ff.

Francescakis, Ph.: Conflits de Lois (principes généraux), in: Répertoire de Droit International, Bd. I, Paris 1968.

Gamillscheg, Franz: Rules of Public Order in Private International Labour Law, in: Recueil des cours de la Haye de l'Académie de droit international, Bd. 180 (1983 III), S. 285 ff.

– Rechtswahl, Schwerpunkt und mutmaßlicher Parteiwille im internationalen Vertragsrecht, in: Archiv für die civilistische Praxis, Bd. 157 (1958/1959), S. 303 ff.

Gaudemet-Tallon, Hélène: Anmerkung zu Cour de cassation (Chambre civile), Urteil vom 8.7.1969 - Sté D.I.A.C.c. Oswald – in: La Semaine Juridique (Paris), 1970 II 16182.

– Anmerkung zu Cour de cassation (Chambre sociale), Urteil vom 8.7.1985 – Allard c.Soc. Construcciones Tissot – in: Revue critique de droit international privé (Paris), 1986, S. 113 ff.

– Anmerkung zu Cour de cassation (Chambre civile), Urteil vom 17.12.1985 – Cie de signaux et d'entreprises électriques c.Soc. Sorelec – in: Revue critique de droit international privé (Paris), 1986, S. 537 ff.

Geimer, Reinhold: Anmerkung zu LG Bonn, Urteil vom 4.10.1973 – 6 S 268/73 – in: Neue Juristische Wochenschrift, 1974, S. 2189 f.

– Anmerkung zu BGH, Urteil vom 20.1.1986 – II Z 56/85 – in: Neue Juristische Wochenschrift, 1986, S. 1438 ff.

– Internationales Zivilprozeßrecht, Köln 1987.

Geimer/Schütze: Internationale Urteilsanerkennung (Kommentar), Bd. I, 1. Halbbd.: Das EWG-Übereinkommen über die gerichtliche Zuständigkeit und die Vollstreckung gerichtlicher Entscheidungen in Zivil- und Handelssachen, bearbeitet von Reinhold Geimer, München 1983.

Goldmann, Berthold: Anmerkung zu Cour d'appel de Paris, Urteil vom 19.6.1970 – Hecht c. Sté Buisman's – in: La Semaine Juridique (Paris), 1971 II 16927.

Großkommentar zum BGB, herausgegeben von Mitgliedern des Bundesgerichtshofs, Bd. VI Internationales Privatrecht, 1. Teilband, Berlin 1981 (zitiert: RGRK-Wengler).

Guilano, Mario und *Lagarde,* Paul: Bericht über das auf vertragliche Schuldverhältnisse anzuwendende Recht, in: Amtsblatt der Europäischen Gemeinschaften vom 31.10.1980, Nr. C 282.

Haudek, Wilhelm: Die Bedeutung des Parteiwillens im internationalen Privatrecht, Berlin 1931.

Heldrich, Andreas: Internationale Zuständigkeit und anwendbares Recht, Berlin und Tübingen 1969 = Beiträge zum ausländischen und internationalen Privatrecht, Bd. 36.

– Heimwärtsstreben auf neuen Wegen – Zur Anwendung der lex fori bei Schwierigkeiten der Ermittlung ausländischen Rechts, in: Konflikt und Ordnung, Festschrift für Murad Ferid zum 70. Geburtstag, München 1978, S. 209 ff.

Hoffmann, Bernd von: Das EWG-Übereinkommen über die gerichtliche Zuständigkeit und die Vollstreckung gerichtlicher Entscheidungen in Zivil- und Handelssachen, in: Außenwirtschaftsdienst des Betriebs-Beraters (Heidelberg), 1973, S. 57 ff.

– Über den Schutz des Schwächeren bei internationalen Schuldverträgen, in: Rabels Zeitschrift für ausländisches und internationales Privatrecht, Bd. 38 (1974), S. 396 ff.

Hohloch, Gerhard: Das Deliktsstatut – Grundlagen und Grundlinien des internationalen Deliktsrechts, Frankfurt a.M. 1984 = Arbeiten zur Rechtsvergleichung, Bd. 106.

Hübner, Ulrich: Allgemeine Geschäftsbedingungen und Internationales Privatrecht, in: Neue Juristische Wochenschrift, 1980, S. 2601 ff.

Jacquet, Jean-Michel: Principe d'autonomie et contrats internationaux, Paris 1983.

Jenard: Bericht zu dem Übereinkommen vom 27. September 1968 über die gerichtliche Zuständigkeit und die Vollstreckung gerichtlicher Entscheidungen in Zivil- und Handelssachen, in: Amtsblatt der Europäischen Gemeinschaften vom 5.3.1979, Nr. C 59/1 ff.

Juenger, Friedrich K.: Parteiautonomie und objektive Anknüpfung im EG-Übereinkommen zum Internationalen Vertragsrecht, in: Rabels Zeitschrift für ausländisches und internationales Privatrecht, Bd. 46 (1982), S. 57 ff.

Kaufmann, Arthur: Problemgeschichte der Rechtsphilosophie, in: Einführung in Rechtsphilosophie und Rechtstheorie der Gegenwart, S. 23 ff., hrsg. von Arthur Kaufmann und Winfried Hassemer.

Kegel, Gerhard: Internationales Privatrecht, 6. Aufl., München 1987.
- Gesamtdarstellungen des IPR, in: Praxis des Internationalen Privat- und Verfahrensrecht, 1981, S. 185 ff.
- Die selbstgerechte Sachnorm, in: Gedächtnisschrift für Albrecht A. Ehrenzweig, Karlsruhe, Heidelberg 1976 = Berkeley-Kölner Rechtsstudien, Kölner Reihe, Bd. 15, S. 51 ff.

Khairallah, Georges: Les sûretés mobilières en droit international privé, Paris 1984.
- Anmerkung zu Cour de cassation (Chambre commerciale), Urteil vom 11.5.1982 - Soc. Localease c. Singer – in: Revue critique de droit international privé (Paris), 1983, S. 450 ff.

Kindler, Peter: Zur Anknüpfung von Handelsvertreter- und Vertragshändlerverträgen im bundesdeutschen IPR, in: Recht der Internationalen Wirtschaft (Heidelberg), 1987, S. 660 ff.

Kohler, Christian: Internationale Gerichtsstandsvereinbarung: Liberalität und Rigorismus im EuGVÜ, in: Praxis des Internationalen Privat- und Verfahrensrecht, 1983, S. 265 ff.

Kreuzer, Karl F.: Das internationale Privatrecht des Warenkaufs in der deutschen Rechtssprechung, Frankfurt a.M. und Berlin 1964 = Arbeiten zur Rechtsvergleichung Bd. 21.

Kroeger, Helga Elizabeth: Der Schutz der „marktschwächeren" Partei im internationalen Vertragsrecht, Frankfurt am Main 1984 = Arbeiten zur Rechtsvergleichung Bd. 122.

Kropholler, Jan: Ein Anknüpfungssystem für das Deliktsstatut, in: Rabels Zeitschrift für ausländisches und internationales Privatrecht, Bd. 33 (1969), S. 601 ff.
- Das kollisionsrechtliche System des Schutzes der schwächeren Vertragspartei, in: Rabels Zeitschrift für ausländisches und internationales Privatrecht, Bd. 42 (1978), S. 634 ff.
- Internationale Zuständigkeit, in: Handbuch des Internationalen Zivilverfahrensrecht, Bd. 1, S. 183 ff., Tübingen 1982 (zitiert: Kropholler: Handbuch).
- Europäisches Zivilprozeßrecht, Kommentar, 2. Aufl., Heidelberg 1987.

Kühne, Gunther: Die Parteiautonomie im internationalen Erbrecht, Bielefeld 1973 = Schriften zum deutschen und europäischen Zivil-, Handels- und Prozeßrecht Bd. 75.
- Testierfreiheit und Rechtswahl im internationalen Erbrecht, in: Juristenzeitung, 1973, S. 403 ff.
- Die außervertragliche Parteiautonomie im neuen Internationalen Privatrecht, in: Praxis des Internationalen Privat- und Verfahrensrecht, 1987, S. 69 ff.

Lagarde, Paul: Anmerkung zu Cour de cassation (Chambre sociale), Urteile vom 23.5.1973 – Cie Royal Air Maroc c. Bacquias und Cie Royal Air Maroc c. Petiaux – sowie Urteil vom 8.11.1973 – Soc. Wilhelm Wolff c. Dumoulin – in: Revue critique de droit international privé (Paris), 1974, S. 355 ff.

- Anmerkung zu Cour de cassation (Chambre civile), Urteil vom 1.7.1981 – Soc. Afrique c. consorts Serrure – in: Revue critique de droit international privé (Paris), 1982, S. 336 ff.

- Anmerkung zu Cour de Cassation (Chambre sociale), Urteil vom 6.11.1985 – Compagnie française de l'afrique occidentale c. Garnier-Chèrreville –, sowie zu Cour de cassation (Chambre mixte), Urteil vom 28.2.1986 – Noireaux et autre c. Compagnie Air Afrique – in: Revue critique de droit international privé (Paris), 1986, S. 501 ff.

Landfermann, Hans-Georg: AGB-Gesetz und Auslandsgeschäfte, in: Recht der Internationalen Wirtschaft (Heidelberg), 1977, S. 445 f.

Lichtenberger, Peter: Zum Gesetz zur Neuregelung des Internationalen Privatrechts, in: Deutsche Notar-Zeitschrift, 1986, S. 644 ff.

Limbach, Jutta: Das Rechtsverständnis in der Vertragslehre, in: Juristische Schulung, 1985, S. 10 ff.

Löwe, Walter, *Westphalen,* Friedrich Graf von und *Trinkner,* Reinhold: Großkommentar zum AGB-Gesetz, Bd. II, 2. Aufl., Heidelberg 1985.

Lorenz, Egon: Anmerkung zu BAG, Urteil vom 20.7.1970 – 3 AZR 417/69 –, in Arbeitsrechtliche Praxis, § 38 ZPO Nr. 4.

- Zur Struktur des internationalen Privatrechts, Berlin 1977 = Schriften zum internationalen Recht, Bd. 6.

- Die Rechtswahlfreiheit im internationalen Schuldvertragsrecht, in: Recht der Internationalen Wirtschaft (Heidelberg), 1987, S. 569 ff.

Lorenz, Werner: Vom alten zum neuen internationalen Schuldvertragsrecht, in: Praxis des Internationalen Privat- und Verfahrensrecht, 1987, S. 269 ff.

Louis-Lucas, Pierre: Existe-t-il une compétence générale du droit français pour le règlement des conflits de lois?, in: Revue critique de droit international privé (Paris), 1959, S. 405 ff.

Loussouarn, Yvon und *Bourel,* Pierre: Droit International Privé, 2. Aufl., Paris 1980.

Loussouarn, Yvon und *Bredin,* Jean-Denis: Droit du commerce international, Paris 1969.

Lyon-Caen, Antoine: Anmerkung zu Cour de cassation (Chambre mixte), Urteil vom 28.2.1986 – Noireaux et autre c. Compagnie Air Afrique –, zu Cour de Cassation (Chambre mixte), Urteil vom 28.2.1986 – Compagnie Air Afrique c. Syndicat des pilotes de ligne – sowie zu Cour de cassation (Chambre civile), Urteil vom 28.2.1986 – Compagnie Air Afrique c. Sordel et autre – in: Journal du Droit International (Paris), 1986, S. 699 ff.

Mann, Frederick A.: Die internationalprivatrechtliche Parteiautonomie in der Rechtssprechung des Bundesgerichtshofes, in: Juristenzeitung, 1962, S. 6 ff.

Mansel, Heinz-Peter: Kollisions- und zuständigkeitsrechtlicher Gleichlauf der vertraglichen und deliktischen Haftung, in: Zeitschrift für vergleichende Rechtswissenschaft (Heidelberg), Bd. 86 (1987), S. 1 ff.

Martiny, Dieter: Anerkennung ausländischer Entscheidungen nach autonomen

Recht, in: Handbuch des Internationalen Zivilverfahrensrecht, Bd. III/1, S. 1 ff., Tübingen 1984 (zitiert: Martiny: Handbuch).

Mayer, Gerhard: Zur Parteiautonomie als Kollisionsnorm, in: Niemayers Zeitschrift für Internationales Recht (Berlin), 44 (1931), S. 103 ff.

Mayer, Pierre: Droit International Privé, Paris 1977.

Mazeaud, Henri, Léon und Jean: Leçons de droit civil, zitiert: Mazeaud - Bearbeiter, Bd. II.1: Obligations: Théorie générale, bearbeitet von François Chabas, 6. Aufl., Paris 1978.

Mehren, Arthur von: A General View of Contract, in: International Encyclopedia of Comparative Law, Bd. VII (Contracts in General), Chapter 1, Tübingen 1982.

Mestre, Jacques: Anmerkung zu Cour de cassation (Chambre civile), Urteil vom 7.10.1980 - Tardieu c.Soc. Bourdon – in: Revue critique de droit international privé (Paris), 1981, S. 313 ff.

Mincke, Wolfgang: Die Parteiautonomie: Rechtswahl oder Ortswahl?, in: Praxis des Internationalen Privat- und Verfahrensrecht, 1985, S. 313 ff.

Motulsky, Henri: L'office du juge et la loi étrangère, in: Mélanges offerts à Jacques Maury, S. 337 ff., Paris 1960.

– L'évolution récente de la condition de la loi étrangère en France, in: Mélanges offerts à René Savatier, S. 681 ff., Paris 1965.

Müller-Graff, Peter-Christian: Fakultatives Kollisionsrecht im internationalen Wettbewerbsrecht?, in: Rabels Zeitschrift für ausländisches und internationales Privatrecht, Bd. 48 (1984), S. 289 ff.

Münchener Kommentar zum Bürgerlichen Gesetzbuch, (zitiert: Mün.Kom.-Bearbeiter), Bd. 3: Schuldrecht – Besonderer Teil, 2. Halbband (§ 652-853), 2. Aufl., 1983; Bd. 7, Einführungsgesetz zum Bürgerlichen Gesetzbuch (Art. 1-218), Internationales Privatrecht, 1983.

Neuhaus, Paul Heinrich: Internationales Zivilprozeßrecht und Internationales Privatrecht, in: Zeitschrift für ausländisches und internationales Privatrecht, Bd. 20 (1955), S. 201 ff.

– Neue Wege im europäischen Internationalen Privatrecht, in: Rabels Zeitschrift für ausländisches und internationales Privatrecht, Bd. 35 (1971), S. 401 ff.

– Die Grundbegriffe des Internationalen Privatrechts, 2. Aufl., Tübingen 1976.

– Kollisionsrechtliche Besinnung, in: Rabels Zeitschrift für ausländisches und internationales Privatrecht, Bd. 45 (1981), S. 627 ff.

Neumayer, Karl H.: Autonomie de la volonté et dispositions impératives en droit international privé des obligations, in: Revue critique de droit international privé (Paris), 1957, S. 579 ff. und 1958, S. 53 ff.

Niboyet, Jean-Paul: La théorie de l'autonomie de la volonté, in: Recueil des cours de la Haye de l'Académie de droit international, 16 (1927 I), S. 5 ff.

– Traité de droit international français, Bd. IV, Paris 1947.

Nörr, Knut und *Scheyhing,* Robert: Sukzessionen, Tübingen 1983 = Handbuch des Schuldrechts Bd. 2.

Oppetit, Bruno: Anmerkung zu Cour d'appel de Paris, Urteil vom 30.11.1972 – S.O.C.E.A. et autres c. C.A.P.A.G. – C.E.T.R.A. – in: Journal du Droit International (Paris), 1973, S. 390 ff.

Otto, Hans-Hermann: Allgemeine Geschäftsbedingungen und Internationales Privatrecht, Göttingen 1984.

Overbeck, Alfred E. von: Internationale Zuständigkeit und anwendbares Recht, in: Schweizerisches Jahrbuch für internationales Recht (Zürich), Bd. XXI (1964), S. 25 ff.

Palandt: Bürgerliches Gesetzbuch (Kommentar), zitiert: Palandt-Bearbeiter, 47. Aufl., München 1987.

Pillet, Antoine: Le droit international privé, in: Journal du Droit international Privé et de la Jurisprudence Comparée (Paris), 1894, 417 ff. u. 711 ff.

Raape, Leo und *Sturm*, Fritz: Internationales Privatrecht, Bd. I, 6. Aufl., München 1977.

Radtke, Rolf C.: Schuldstatut und Eingriffsrecht, in: Zeitschrift für vergleichende Rechtswissenschaft, Bd. 84 (1985), S. 325 ff.

Reithmann, Christoph: Internationales Vertragsrecht, 3. Aufl., Köln 1980 (zitiert: Reithmann-Bearbeiter).

Samtleben, Jürgen: Internationale Gerichtsstandsvereinbarungen nach dem EWG-Übereinkommen und nach der Gerichtsstandsnovelle, in: Neue Juristische Wochenschrift, 1974, S. 1590 ff.

Sandrock, Otto: Zur ergänzenden Vertragsauslegung im materiellen und internationalen Schuldvertragsrecht, Köln 1966.

– Die Bedeutung des Gesetzes zur Neuregelung des Internationalen Privatrechts für die Unternehmenspraxis, in: Recht der Internationalen Wirtschaft (Heidelberg), 1986, S. 841 ff.

Sandrock, Otto und *Steinschulte*, Fritz-Peter: Grundfragen des Internationalen Vertragsrechts: Die kollisionsrechtliche Anknüpfung von Schuldverträgen, in: Handbuch der Internationalen Vertragsgestaltung, Bd. 1, S. 1 ff., hrsg. von Otto Sandrock, Heidelberg 1980 = Schriftenreihe Recht der internationalen Wirtschaft Bd. 19/1.

Santa-Croce, Muriel: Anmerkung zu Cour de cassation (Chambre commerciale), Urteil vom 8.7.1981 – Soc. L'Abeille c. Soc. Transports Terrestres, Maritimes et Fluviaux – in: Revue critique de droit international privé (Paris), 1983, S. 267 ff.

Savigny, Friedrich C. von: System des heutigen römischen Rechts, Bd. VIII, Bad Homburg 1849, auch Nachdruck Darmstadt 1956.

Schack, Haimo: Rechtswahl im Prozeß?, in: Neue Juristische Wochenschrift, 1984, S. 2736 ff.

– Der Erfüllungsort im deutschen, ausländischen und internationalen Privat- und Zivilprozeßrecht, Frankfurt 1985 = Arbeiten zur Rechtsvergleichung Bd. 124.

– Keine stillschweigende Rechtswahl im Prozeß!, in: Praxis des Internationalen Privat- und Verfahrensrecht, 1986, S. 272 ff.

Schlosser, Peter: Bericht zu dem Übereinkommen vom 9. Oktober 1978 über den Beitritt des Königreichs Dänemark, Irlands und des Vereinigten Königreichs und Nordirlands zum Übereinkommen über die gerichtliche Zuständigkeit und die Vollstreckung gerichtlicher Entscheidungen in Zivil- und Handelssachen sowie zum Protokoll betreffend die Auslegung dieses Übereinkommens durch den Gerichtshof, in: Amtsblatt der europäischen Gemeinschaft vom 5.3.1979, Nr. C 59/71 ff.

Schmeding, Jörg G.-A.: Zur Bedeutung der Rechtswahl im Kollisionsrecht, in: Rabels Zeitschrift für ausländisches und internationales Privatrecht, Bd. 41 (1977), S. 299 ff.

Schmidt-Rimpler, Walter: Grundfragen einer Erneuerung des Vertragsrechts, in: Archiv für die civilistische Praxis, Bd. 147 (1941), S. 130 ff.

Schnitzer, Adolf F.: Die funktionelle Anknüpfung im internationalen Vertragsrecht, in: Festgabe für Wilhelm Schönenberger, S. 387 ff., Fribourg (Schweiz) 1968.

— La loi applicable aux contrats, in: Revue critique de droit international privé (Paris), 1955, S. 459 ff.

Schröder, Jochen: Internationale Zuständigkeit, Opladen 1971.

— Vom Sinn der Verweisung im internationalen Schuldvertragsrecht, in: Praxis des internationalen Privat- und Verfahrensrecht, 1987, S. 90 ff.

Schubert, Mathias: Internationale Verträge und Eingriffsrecht – ein Beitrag zur Methode des Wirtschaftskollisionsrechts, in: Recht der Internationalen Wirtschaft (Heidelberg), 1987, S. 729 ff.

Schurig, Klaus: Kollisionsnormen und Sachrecht, Zur Struktur, Standort und Methode des Internationalen Privatrechts, Berlin 1981 – Schriften zum Internationalen Recht Bd. 23.

Schwander, Ivo: Lois d'application immédiate, Sonderanknüpfung, IPR-Sachnormen und andere Ausnahmen von der gewöhnlichen Anknüpfung im internationalen Privatrecht, Zürich 1975.

Siehr, Kurt: Das internationale Erbrecht nach dem Gesetz zur Neuregelung des IPR; in: Praxis des internationalen Privat- und Verfahrensrecht, 1987, S. 4 ff.

Simitis, Spiros: Aufgaben und Grenzen der Pateiautonomie im internationalen Vertragsrecht, in: Juristische Schulung, 1966, S. 209 f.

Soergel/Siebert: Kommentar zum Bürgerlichen Gesetzbuch, zitiert: Soergel-Bearbeiter, Bd. 7: Einführungsgesetz, 11. Aufl., Stuttgart 1984.

Sonnenberger, Hans Jürgen: Französisches Handels- und Wirtschaftsrecht, 1975, Heidelberg.

— Bemerkungen zum Internationalen Privatrecht im AGB-Gesetz, in: Konflikt und Ordnung, Festschrift für Murad Ferid zum 70. Geburtstag, München 1978, S. 377 ff.

J. v. Staudingers Kommentar zum Bürgerlichen Gesetzbuch mit Einführungsgesetz und Neugesetzen, (zitiert: Staudinger-Bearbeiter) - Internationales Schuldrecht, Bd. I, bearbeitet von Karl Firsching, 10./11. Aufl., Berlin 1978; Internationales Sachenrecht, bearbeitet von Hans Stoll, 12. Aufl., Berlin 1985.

Stoll, Ulrich: Die Rechtswahlvoraussetzungen und die Bestimmung des auf internationale Schuldvertärge anwendbaren Rechts nach den allgemeinen Kollisionsregeln des US-amerikanischen UCC und des deutschen Rechts, Frankfurt am Main 1986 = Europäische Hochschul-Schriften Reihe 2, Rechtswissenschaft Bd. 588.

Sturm, Fritz: Fakultatives Kollisionsrecht: Notwendigkeit und Grenzen, in: Festschrift für Konrad Zweigert zum 70. Geburtstag, Tübingen 1981, S. 329 ff.

Trinkner, Reinhold: Auslandsberührung als Voraussetzung für die Prorogation eines ausländischen Gerichtsstandes (Urteilsanmerkung), in: Außenwirtschaftsdienst des Betriebsberaters (Heidelberg), 1973, S. 31 ff.

Ulmer/Brandner/Hensen: AGB-Gesetz (Kommentar), 5. Aufl., Köln 1987.

Weber, Rolf H.: Parteiautonomie im internationalen Sachenrecht, in: Rabels Zeitschrift für ausländisches und internationales Privatrecht, Bd. 44 (1980), S. 510 ff.

Wegmann, Bernd: Rechtswahlmöglichkeiten im internationalen Familienrecht, in: Neue Juristische Wochenschrift, 1987, S. 1740 ff.

Weill, Alex und *Terré*, François: Droit civil (Précis Dalloz), Bd. IV: Les obligations, 3. Aufl., Paris 1980.

Weitnauer, Wolfgang: Der Vertragsschwerpunkt, Eine rechtsvergleichende Darstellung des amerikanischen und deutschen Internationalen Vertragsrechts sowie des EG-Übereinkomens über das auf vertragliche Schuldverhältnisse anwendbare Recht vom 19.6.1980, Frankfurt a.M. 1981 = Arbeiten zur Rechtsvergleichung Bd. 105.

Wengler, Wilhelm: Die Anknüpfung des zwingenden Schuldrechts im internationalen Privatrecht, in: Zeitschrift für vergleichende Rechtswissenschaft, Bd. 54 (1941), S. 168 ff.

– Die Gestaltung des internationalen Privatrechts der Schuldverträge unter allgemeinen Leitprinzipien, in: Rabels Zeitschrift für ausländisches und internationales Privatrecht, Bd. 47 (1983), S. 215 ff.

Westphalen, Friedrich Graf von: Internationalprivatrechtliche Probleme und AGB-Gesetz, in: Wertpapier-Mitteilungen (Frankfurt), 1978, S. 1310 ff.

Wicki, André Aloys: Zur Dogmengeschichte der Parteiautonomie im Internationalen Privatrecht, Winterthur 1965.

Witz, Claude: Anmerkung zu Cour de cassation (Chambre commerciale), Urteil vom 11.5.1982 – S.A.R.L. Localease c. Singer – in: Recueil Dalloz Sirey (Paris), 1983, Jurisprudence, S. 271 ff.

Wolf, Manfred: Rechtsgeschäftliche Entscheidungsfreiheit und vertraglicher Interessenausgleich, Tübingen 1970 = Tübinger rechtswissenschaftliche Abhandlungen Bd. 32.

Wolf, Manfred / *Horn*, Norbert und *Lindacher*, Walter F.: AGB-Gesetz (Kommentar), München 1984.

Zitelmann, Ernst: Internationales Privatrecht, Bd. 1, Leipzig 1897.

Zweigert, Konrad und *Kötz*, Hein: Einführung in die Rechtsvergleichung auf dem Gebiete des Privatrechts, Bd. 2: Institutionen, 2. Aufl., Tübingen 1984.

Printed by Libri Plureos GmbH
in Hamburg, Germany